UM PAÍS PARTIDO

MARCO ANTONIO VILLA

2014 A ELEIÇÃO MAIS SUJA DA HISTÓRIA

Copyright © Marco Antonio Villa, 2014
Todos os direitos reservados.

Preparação: Luiz Pereira
Revisão: Juliana Caldas
Diagramação: Sônia Midori Fujiyoshi
Capa: Ideias com Peso
Foto da capa: Paulo Whitaker/Reuters/Latinstock

Dados Internacionais de Catalogação na Publicação (CIP)
Angélica Ilacqua CRB-8/7057

Villa, Marco Antonio
    Um país partido : 2014 – a eleição mais suja da história / Marco Antonio Villa. – São Paulo : LeYa, 2014.
    224 p.

Bibliografia
ISBN 978-85-441-0122-3

1. Política e governo – Brasil 2. Campanha eleitoral I. Título

14-0506	CDD 324.60981

Índices para catálogo sistemático:
1. Política e governo – Brasil

2014
Todos os direitos desta edição reservados à
LeYa Editora Ltda.
Rua Desembargador Paulo Passaláqua, 86
01248-010 – Pacaembu – São Paulo – SP
www.leya.com.br

Sumário

Apresentação 5

CAPÍTULO 1. De eleição em eleição chegamos à democracia 9
CAPÍTULO 2. O ensaio 21
CAPÍTULO 3. Jogando os dados 31
CAPÍTULO 4. A tragédia 51
CAPÍTULO 5. Recomeçou o jogo 61
CAPÍTULO 6. *Delenda est* Marina 75
CAPÍTULO 7. Um novo mensalão rondava a eleição 89
CAPÍTULO 8. A máquina de triturar reputações 101
CAPÍTULO 9. Eleição sem política 113
CAPÍTULO 10. O dia 5 de outubro 127
CAPÍTULO 11. A caminho da nova eleição 141
CAPÍTULO 12. Em clima de guerra 153
CAPÍTULO 13. 48 horas agitadas 169
CAPÍTULO 14. A eleição mais suja da história 213

Bibliografia 221

Apresentação

Este livro conta a história da sétima eleição presidencial desde o pleno estabelecimento do Estado Democrático de Direito graças à Constituição de 1988. Somos um país com uma pobre cultura política democrática. E isso tem uma história – uma longa história. A República nasceu de um golpe militar. A participação popular nos acontecimentos de 15 de novembro de 1889 foi nula. O novo regime nasceu velho. Acabou interrompendo a possibilidade de um Terceiro Reinado reformista e modernizador, tendo à frente Isabel como rainha e chefe de Estado, como previa a letra e o espírito da Constituição de 1824.

A nova ordem foi edificada para impedir o reformismo advogado por Joaquim Nabuco, Visconde de Taunay e André Rebouças, que incluía, inclusive, uma alteração no regime de propriedade da terra. Os republicanos da propaganda – aqueles que entre 1870, data do Manifesto, e 1889 divulgaram a ideia republicana em atos públicos, jornais, panfletos e livros – acabaram excluídos do novo regime. Júlio Ribeiro, Silva Jardim e Lopes Trovão, só para recordar alguns nomes, foram relegados a plano secundário, considerados meros agitadores.

O vazio no poder foi imediatamente preenchido por uma elite que durante decênios excluiu a efetiva participação popular na vida política do país. As sucessões regulares dos presidentes durante a Primeira República (1889-1930) foram marcadas por eleições fraudulentas, bem como pela violência contra aqueles que denunciavam a manipulação do voto.

Os opositores – os desiludidos da República – passaram a questionar o regime. Denunciavam corretamente as falácias do sistema e indicavam como meio de superação desses "governichos criminosos", segundo célebre expressão de Sílvio Romero, a violência, a tomada do poder de Estado por meio das armas. E mais: que qualquer reforma só poderia ter êxito por meio de um governo ultracentralizador, instrumento indispensável para combater os poderosos, os senhores do baraço e do cutelo, como escreveu Euclides da Cunha.

Assim, o ideal mudancista tinha no seu interior um desprezo pela democracia. Acentuava a defesa de um novo regime para combater os problemas do país e atender as demandas da maioria, mas propunha a construção de um Estado de feições nitidamente autoritárias. Alguns até imaginavam o autoritarismo como um estágio indispensável para se alcançar a democracia.

A Revolução de 1930 construiu o moderno Estado brasileiro. Enfrentou vários desafios e deu um passo adiante no reformismo nacional. Porém, aprofundou as contradições. Se, de um lado, obteve conquistas importantes como o voto secreto, a Justiça Eleitoral e o voto feminino, manteve uma visão de mundo autoritária, como ficou patente desde 1935, com a repressão à rebelião comunista de novembro, e mais ainda após a implantação da ditadura do Estado Novo, dois anos depois.

A vitória dos aliados na Segunda Guerra Mundial deu alguma esperança de, pela primeira vez, caminharmos para o nascimento de uma ordem democrática. A Constituição de 1946 sinalizou este momento. O crescimento econômico, a urbanização, o fabuloso deslocamento populacional do Nordeste para o Sul-Sudeste, a explosão cultural-artística – que vinha desde os anos 1930 –, foram fatores importantes para o aprofundamento das ideias liberais-democráticas, mesmo com a permanência do autoritarismo sob novas vestes – como no ideário comunista, tão influente naquele período.

O ano de 1964 foi o ponto culminante desse processo. A democracia foi golpeada à direita e à esquerda. Para uns, os princípios democráticos eram instrumentos favoráveis à subversão social, para outros, um biombo utilizado pela burguesia para manter sua dominação de classe. Os que permaneceram na defesa do regime democrático ficaram isolados, excluídos deste perverso jogo autoritário.

Paradoxalmente foi durante o regime militar – especialmente no período ditatorial, entre os anos 1968-1978 – que os valores democráticos ganharam enorme importância. A resistência ao arbítrio foi edificando um conjunto de princípios essenciais para termos uma cultura política democrática. E foram estes que conduziram ao fim do regime e à eleição de Tancredo Neves, em janeiro de 1985.

A cultura democrática pouco avançou nos últimos doze anos. As presidências petistas reforçaram o autoritarismo. A transformação da luta armada em ícone nacional é um bom (e triste) exemplo. Em vez de recordar a luta democrática contra o arbítrio, o governo optou pela santificação daqueles que desejavam substituir a ditadura militar por outra, a do "proletariado".

O pleito de 2014 colocou em risco "o projeto criminoso de poder petista" – feliz expressão cunhada pelo decano do Supremo Tribunal Federal, ministro Celso de Mello, durante o julgamento do Mensalão, a Ação Penal 470. Por isso tivemos a eleição mais suja da história republicana brasileira, numa quadra politicamente complexa. Remar contra a corrente não é tarefa das mais fáceis. As hordas governistas estão sempre prontas para calar seus adversários. Mas por muito pouco, o Brasil não virou esta triste página da sua história.

O livro apresenta e analisa este momento histórico de luta pela democracia. É dedicado a dois grandes amigos – já falecidos – que lutaram pela liberdade no Brasil: Marcos Pontes Nogueira e Ivan Antonio de Almeida.

CAPÍTULO 1

De eleição em eleição chegamos à democracia

Em 2014 foi realizada a vigésima nona eleição para a presidência da República. Desde a promulgação da Constituição de 1988, foi a sétima eleição direta, consecutiva e em um regime de plenas liberdades democráticas. Para um país com a tradição autoritária do Brasil, não é pouco.

Durante a República Velha (1889-1930), ocorreram 11 eleições com o voto direto e uma através do Congresso Nacional, justamente a primeira, em 1891. Deve ser recordado que não havia voto secreto, que somente os homens tinham efetivo direito ao voto – e apenas os alfabetizados e maiores de 21 anos.

Entre os anos 1930 e 1945, durante o primeiro governo Vargas, ocorreu somente uma eleição presidencial, em 1934. Ainda assim, foi indireta, com apenas os votos dos constituintes que elaboraram a Constituição de 1934. De 1945 a 1964 foram realizadas quatro eleições, as primeiras com a participação das mulheres e com voto secreto.

O regime militar retornou ao sistema das eleições indiretas para presidente da República. As três primeiras (1964, 1967 e 1969) com a participação exclusiva dos congressistas; as três últimas (1974, 1979 e 1985), pelo colégio eleitoral formado pelos deputados federais, senadores e representantes de todas as assembleias legislativas.

•••

Cumprindo o disposto na Constituição, a primeira eleição presidencial teve como eleitores somente os deputados e senadores constituintes. Foi em 25 de fevereiro de 1891 – a Constituição havia sido promulgada no dia anterior. Foram formadas duas chapas. A primeira tendo à frente o marechal Deodoro da Fonseca – que era o chefe do governo provisório – e o almirante Eduardo Wandenkolk, ministro da Marinha (à época, chamada de Armada). A segunda era encabeçada por Prudente de Morais, que tinha presidido a Assembleia Constituinte; na vice-presidência, o marechal Floriano Peixoto.

Deodoro estava politicamente desgastado. Tinha perdido apoio de boa parte dos ministros civis. Seu governo foi acusado de corrupção. A pressão sobre os eleitores foi grande. O Paço de São Cristovão, onde realizou-se a eleição, foi tomado por policiais e soldados à paisana. Militares que eram deputados e senadores – 20% do total – estavam armados no interior do recinto de votação. Compareceram 232 congressistas. Deodoro venceu Prudente por 129 votos a 97. Para a vice-presidência, Floriano recebeu 153 votos – portanto, mais votos que o presidente eleito – e Wandenkolk, apenas 57.[1]

Três anos depois, realizou-se a primeira eleição presidencial com voto direto, em 1º de março de 1894. Deveria, inicialmente, ter sido realizada em outubro do ano anterior, mas a grave situação política em razão da Revolução Federalista, no sul, e a Revolta da Armada, que atingiu, principalmente, a capital federal, acabou impedindo a realização do pleito.

O Partido Republicano Federal – primeira, e fracassada, tentativa de criar um partido em âmbito nacional durante a Primeira República – indicou como candidatos Prudente de Morais, paulista, e Manuel Vitorino, baiano, presidente e vice-presidente da República, respectivamente. Foram praticamente os únicos candidatos. A permanência da guerra civil no sul impediu que os eleitorados de Rio Grande do Sul, Santa Catarina e Paraná pudessem participar da eleição.

---

1. Deodoro da Fonseca acabou dando um golpe de Estado em 3 de novembro de 1891, com o fechamento do Congresso Nacional e a imposição de um estado de sítio. Vinte dias depois, um contragolpe liderado pela Marinha obrigou Deodoro a renunciar à Presidência, o Congresso foi reaberto, o estado de sítio foi revogado e Floriano Peixoto assumiu o governo.

O comparecimento dos eleitores foi muito pequeno. Prudente de Morais recebeu 276 mil votos, e Vitorino, 249 mil. Tinham direito ao voto os maiores de 21 anos. Foram excluídos os analfabetos, mendigos, praças de pré e religiosos de ordens monásticas, companhias ou congregações sujeitas a voto de obediência. Não havia proibição formal do voto das mulheres, porém o entendimento era de que não tinham direito ao voto.[2]

Floriano Peixoto não compareceu ao juramento constitucional de Prudente de Morais e abandonou a sede do governo, o Palácio do Itamaraty, antes da chegada do presidente. E mais, segundo relato de Rodrigo Octávio, assessor de Prudente:

> Vi, porém, que nas escadas do palácio havia muita gente, que muita gente estava nele entrando. Dirigi-me para a porta. Não havia sentinela, e, como os outros estavam entrando, entrei também. Lá em cima, o grande casarão, abertas as portas de todas as salas, regurgitava de gente que circulava por todo ele, alegre e barulhenta. Não havia a menor fiscalização, o menor serviço de ordem. Compreendi, e custei a compreendê-lo, que a casa havia sido abandonada e entregue à discrição do público.[3]

O sucessor de Prudente foi o também paulista Campos Sales, que formou chapa com Rosa e Silva, pernambucano. A eleição se deu em 4 de março de 1898. O comparecimento do eleitorado foi maior que quatro anos antes. Sales recebeu 420 mil votos, e Rosa e Silva, 412 mil. Mas desta vez a oposição apresentou uma chapa formada por Lauro Sodré e Fernando Lobo, que recebeu menos de 10% dos votos da chapa oficial.

A abstenção do eleitorado, a apatia e a desorganização foram constantes nas eleições da Primeira República. Machado de Assis ironizou numa crônica este fato:

> Fui a minha seção para votar, mas achei a porta fechada e a urna na rua, com os livros e ofícios. Outra casa os acolheu compassiva, mas os me-

---

2. No Rio Grande do Norte, em 1928, permitiu-se o alistamento eleitoral de mulheres.

3. OCTÁVIO, Rodrigo. *Minhas memórias dos outros*. Rio de Janeiro: Civilização Brasileira/INL, 1978, p. 57.

sários não tinham sido avisados e os eleitores eram cinco. Discutimos a questão de saber o que é que nasceu primeiro, se a galinha, se o ovo. Era o problema, a charada, a adivinhação de segunda-feira. Dividiram-se as opiniões, uns foram pelo ovo, outros pela galinha; o próprio galo teve um voto. Os candidatos é que não tiveram nem um, porque os mesários não vieram e bateram dez horas.[4]

O domínio do Partido Republicano Paulista (PRP) era, então, total. O próximo presidente indicado foi novamente um paulista, Rodrigues Alves, tendo como vice um mineiro, Silviano Brandão. Como de hábito, o candidato oficial recebeu mais votos que o vice: 592 mil e 563 mil, respectivamente.

O sexto presidente foi um mineiro – isso depois de dois alagoanos e três paulistas. Numa eleição mais esvaziada do que as anteriores, apenas 288 mil eleitores sufragaram Afonso Pena.[5] O seu vice, o fluminense Nilo Peçanha, recebeu uma votação ainda menor: 272 mil votos.

Quatro anos depois, em 1910, ocorreu a eleição mais disputada da República Velha até aquele momento. O marechal Hermes da Fonseca teve de enfrentar Rui Barbosa, que liderou a Campanha Civilista, com forte apoio das classes médias urbanas. O marechal recebeu 403 mil votos, e Rui, 222 mil. Curiosamente, o vice de Hermes, o mineiro Wenceslau Braz, foi sufragado por 406 mil eleitores – mais de 3 mil votos do que o candidato presidencial. O paraibano – mas que fez toda a carreira política em São Paulo – Albuquerque Lins, candidato a vice-presidente, teve votação próxima a de Rui, com 219 mil votos.

Da vice-presidência, Wenceslau Braz foi alçado à chefia do governo. Não tinha se notabilizado por nenhuma ação política. Pelo contrário, constantemente esteve ausente da capital federal. Vivia pescando em Itajubá, sua cidade natal. Daí a frase do célebre boêmio carioca Emílio de Menezes: "Wenceslau é caso único de promoção por abandono de emprego". Recebeu 532 mil votos. Rui Barbosa foi escolhido por 47 mil eleitores. Para a vice-presidência, o baiano Urbano Santos teve 556 mil

---

4. ASSIS, Machado de. *Obra completa*. Volume III. Rio de Janeiro: Nova Aguillar, 1994, p. 534-35. A crônica é de 24 de abril de 1892.

5. Afonso Pena morreu em 1909. Seu mandato foi completado por Nilo Peçanha.

votos, ou seja, 22 mil votos a mais que Wenceslau. O segundo colocado foi o paulista Alfredo Ellis, com apenas 18 mil votos.

Em 1918, ocorreu uma novidade: Rodrigues Alves foi eleito pela segunda vez presidente da República. O desinteresse popular ficou evidenciado na votação recebida: 386 mil votos. Na prática, não teve opositor. O segundo colocado, Nilo Peçanha, sequer fez campanha: apenas 1.258 eleitores sufragaram seu nome. Para vice, o mineiro Delfim Moreira teve 382 mil votos.

Moreira acabou tendo de assumir a presidência, pois Alves foi vitimado pela gripe espanhola e não tomou posse. Veio a falecer em janeiro de 1919. De acordo com o disposto na Constituição, foram convocadas novas eleições. O paraibano Epitácio Pessoa acabou sendo indicado como candidato oficial e foi sendo eleito por 286 mil votos sem sequer fazer campanha. Mais ainda: não estava no Brasil. Epitácio liderava a delegação brasileira à Conferência de Versalhes. Teve como opositor Rui Barbosa, em sua terceira e última candidatura, e foi sufragado por 116 mil eleitores.

Em 1922, ocorreu a segunda eleição com relativa disputa entre os candidatos. O mineiro Artur Bernardes obteve 466 mil votos, e Nilo Peçanha, 317 mil. Para a vice-presidência, foi eleito novamente o baiano Urbano Santos, com 447 mil votos. Teve como opositor outro baiano, J. J. Seabra, que foi apoiado por 338 mil eleitores.

Washington Luís, em 1926, recolocou o PRP na presidência da República, depois de um jejum de vinte anos. Mesmo assim, como é sabido, o presidente não era paulista – nasceu em Macaé, no estado do Rio de Janeiro, mas fez toda a carreira política em São Paulo. Foi o presidente eleito com a maior votação até aquele momento: 688 mil votos, superior duas vezes e meia à recebida por Epitácio Pessoa em 1919. Para vice foi eleito o mineiro Melo Viana, com 685 mil votos.[6]

A última eleição da República Velha, em 1º de março de 1930, teve uma acirrada disputa entre a chapa oficial – o paulista Júlio Prestes e o baiano Vital Soares – e a de oposição, conhecida como Aliança Liberal – o gaúcho Getúlio Vargas e o paraibano João Pessoa. Prestes venceu recebendo 1,09 milhão de votos contra 742 mil de Vargas. Para a vice-presidência,

---

6. Washington Luís não completou o mandato. Foi derrubado pela Revolução de 1930 e obrigado a se exilar.

Vital Soares obteve 1,07 milhão de votos, enquanto 725 mil eleitores sufragaram João Pessoa. Como era permitido escolher qualquer cidadão, 48 eleitores votaram em Luís Carlos Prestes para presidente, e oito, para vice-presidente.[7]

•••

Como em 1891, a primeira eleição da República Nova também foi congressual. No dia posterior à promulgação da Constituição, 17 de julho de 1934, os congressistas escolheram o presidente – não houve eleição para a vice-presidência pois o cargo foi extinto pelos constituintes. Dois candidatos se apresentaram: Getúlio Vargas e Borges de Medeiros, ambos gaúchos. Vargas estava no exercício da presidência, como fizera Deodoro da Fonseca em 1891. Por ter apoiado a Revolução Constitucionalista de 1932, Medeiros tinha permanecido preso até maio de 1934. A desigualdade entre os concorrentes era evidente: um sem estar no exercício de qualquer cargo e recém-saído da prisão; outro, com todos os poderes de chefe do Governo Provisório. Vargas venceu facilmente. Obteve 173 votos. Seu oponente recebeu 59 votos.

Em 1938, deveria ocorrer a eleição direta – desta vez com a presença do eleitorado feminino, da Justiça Eleitoral e com a adoção do voto secreto. Contudo, o golpe do Estado Novo, em 10 de novembro de 1937, interrompeu a campanha eleitoral que já tinha dois candidatos: o paraibano José Américo de Almeida e o paulista Armando de Salles Oliveira.

A Constituição de 1937 – a "Polaca" – dispunha no artigo 175 que:

> O atual presidente da República tem renovado o seu mandato até a realização do plebiscito a que se refere o artigo 187, terminando o período presidencial fixado no artigo 80 se o resultado do plebiscito for favorável à Constituição.

O artigo 80 determinava que "o período presidencial será de seis anos". Já o artigo 187 rezava que: "Esta Constituição entrará em vigor

---

7. Nas eleições de 1902 e 1906, até a Princesa Isabel foi votada. Obteve, respectivamente, cinco e seis votos.

na sua data e será submetida ao plebiscito nacional na forma regulada em decreto pelo presidente da República". Getúlio Vargas descumpriu os artigos da Constituição que ele próprio outorgou, não convocou nenhum plebiscito e se manteve como ditador até 29 de outubro de 1945.

•••

A eleição de 2 de dezembro de 1945, a primeira disputada desde 1930, teve um enorme crescimento do número de eleitores graças à inclusão das mulheres, e foi a primeira disputa presidencial com voto secreto e a fiscalização da Justiça Eleitoral, fatores fundamentais na construção da moderna democracia brasileira. A campanha foi muito curta, mesmo assim teve momentos de empolgação. Dois militares polarizaram: um pelo Partido Social Democrático (PSD), o marechal Eurico Gaspar Dutra, e outro, o brigadeiro Eduardo Gomes, pela União Democrática Nacional (UDN). Dutra acabou vencendo com 3,2 milhões de votos contra 2 milhões do brigadeiro. O recém-legalizado Partido Comunista do Brasil (PCB), com o engenheiro Yedo Fiúza, recebeu os votos de 569 mil eleitores.

O vice-presidente só foi eleito após a promulgação da Constituição de 1946. A disputa pelos votos dos congressistas ficou entre o senador Nereu Ramos e o também senador José Américo de Almeida. Nereu obteve 178 votos contra 139 de José Américo.

Na eleição seguinte, cinco anos depois, houve um grande aumento do total de eleitores: em 1945, votaram para presidente 5,78 milhões; em 1950, o número saltou para 8,25 milhões. Getúlio Vargas, pelo Partido Trabalhista Brasileiro (PTB), recebeu 3,84 milhões de votos contra 2,3 milhões do brigadeiro Eduardo Gomes (UDN) – novamente derrotado. Cristiano Machado (PSD) recebeu 1,6 milhão de votos.

Para a vice-presidência, Café Filho, apoiado por Vargas, obteve 2,5 milhões de votos contra 2,3 milhões de Odilon Braga e 1,6 milhão de Altino Arantes. Curiosamente, 1 milhão de eleitores optaram pelo voto em branco, quando apenas 211 mil o fizeram quando da escolha do presidente, sinal evidente de desconforto em relação aos candidatos.

Em 1955, a 3 de outubro, na eleição mais disputada dos anos 1945-60, Juscelino Kubitschek recebeu 3 milhões de votos contra 2,6 milhões de Juarez Távora, 2,2 milhões de Ademar de Barros (Partido Social Progressista) e 714 mil votos de Plínio Salgado (Partido da Representação Popular). JK teve 35% do total, a menor votação dos presidentes do período. Em grande parte deveu sua eleição à votação de Salgado (7%), que tirou votos preciosos de Távora (30%), pois transitavam em um campo ideológico relativamente próximo. Mas a disputa pela vice-presidência foi ainda mais intensa. João Goulart (PTB) teve 3,5 milhões de votos contra 3,3 milhões de Milton Campos (UDN) e 1,1 milhão de Danton Coelho (PSP). Foi a primeira eleição a utilizar a cédula única, o que foi considerado um grande avanço para enfrentar o poder econômico e as fraudes.

Cinco anos depois, em 3 de outubro de 1960, o eleitorado que participou das eleições aumentara para 12,5 milhões, mais que o dobro daquele de 1945. Jânio Quadros (Partido Democrata Cristão/UDN) obteve 5,6 milhões de votos, contra 3,8 milhões do marechal Teixeira Lott (PSD) e 2,1 milhões de Ademar de Barros (PSP). Para vice-presidente, a eleição foi muito disputada. João Goulart venceu novamente – a cláusula constitucional que proibia a reeleição não se aplicava ao cargo de vice-presidente. Jango teve 4,5 milhões de votos e mais uma vez enfrentou Milton Campos, que recebeu 4,2 milhões – Fernando Ferrari (Movimento Trabalhista Renovador – MTR) teve 2,1 milhões de votos.

Depois desta eleição, os brasileiros tiveram de aguardar três decênios para poder escolher livremente seu presidente.

•••

Durante o regime militar, ocorreram seis eleições presidenciais: três tendo como eleitores somente deputados federais e senadores, e as outras três através do colégio eleitoral formado pelos congressistas e representantes de todas as assembleias legislativas estaduais. Nesta "democracia relativa", para utilizar expressão consagrada pelo general Ernesto Geisel, os votos totais que elegeram os presidentes nunca passaram de algumas centenas.

Castello Branco foi escolhido pelo Congresso Nacional a 11 de abril de 1964. Recebeu 361 votos de um total de 438 – registraram-se 72 abstenções. Costa e Silva acabou apoiado por um número de votos inferior ao do seu antecessor: apenas 294. Isto se deu por conta do grande número de cassações, mas também pelo boicote do MDB à eleição – o último marechal da República brasileira foi candidato único. Depois de ficar dez meses fechado em razão do Ato Institucional nº 5, o Congresso foi reaberto em outubro de 1969 para referendar o nome de Garrastazu Médici, que teve 293 votos, a menor votação entre todos os presidentes militares. Não pode ser esquecido que os parlamentares do MDB (75 votos) se abstiveram.

Em 15 de janeiro de 1974, pela primeira vez se reuniu o colégio eleitoral. O general Ernesto Geisel recebeu 400 votos e seu opositor, o deputado emedebista Ulysses Guimarães, 76. Duas dúzias de parlamentares oposicionistas, conhecidos como "autênticos", se abstiveram. Quatro anos e dez meses depois, o general João Figueiredo foi escolhido presidente por 355 votos. Seu opositor, o também general Euler Bentes Monteiro recebeu 225 votos. Finalmente, a 15 de janeiro de 1985, o Colégio Eleitoral se reuniu pela última vez. Vale destacar que, pela primeira vez, não havia candidato militar. E a oposição venceu: Tancredo Neves recebeu 480 votos e Paulo Maluf, apenas 180. Era o fim do regime militar e das eleições indiretas para presidente.[8]

...

A eleição de 1989 foi aquela, desde 1945, com o maior número de candidatos: 22. Um deles, Armando Corrêa, acabou tendo anulado o registro do partido, após ter cedido seu posto para o animador de televisão Silvio Santos, candidatura que foi impugnada pelo Tribunal Superior Eleitoral. Como as cédulas já estavam impressas, Corrêa ainda chegou a receber 4.363 votos de um total de 69 milhões.

Efetivamente, a eleição foi disputada por sete candidatos. Ulysses Guimarães, do Partido do Movimento Democrático Brasileiro (PMDB), apesar de ter o maior tempo no horário eleitoral na televisão, ficou apenas

---

8. Tal qual Floriano Peixoto, Figueiredo se recusou a transferir formalmente o governo para José Sarney, que assumiu interinamente, aguardando o restabelecimento de Tancredo Neves, internado às pressas na noite de 14 de março de 1985, véspera da posse. Com a morte de Tancredo, a 21 de abril, Sarney assumiu definitivamente a Presidência e não foi eleito nenhum vice-presidente.

em sétimo lugar, com 3,2 milhões de votos. O estreante Guilherme Afif Domingos, do Partido Liberal (PL), teve 68 mil votos a mais do que Ulysses, conquistando o sexto lugar. Paulo Maluf (PDS) recebeu o apoio de 5,9 milhões de eleitores, chegando em quinto. Mário Covas, do recém-criado Partido da Social Democracia Brasileira (PSDB), ficou em quarto, com 7,7 milhões de votos. A disputa pelo segundo lugar foi emocionante. Leonel Brizola, do Partido Democrático Trabalhista (PDT), recebeu 11,1 milhões de votos. Luís Inácio Lula da Silva, do Partido dos Trabalhadores (PT), com 454 mil votos a mais do que o líder pedetista, se credenciou para o segundo turno. O primeiro colocado foi Fernando Collor, pelo Partido da Reconstrução Nacional (PRN), com 32,4 milhões (32,4% do total).

Pela primeira vez realizou-se um segundo turno. E, até a eleição de 2010, acabou sendo o mais disputado. Fernando Collor venceu com 35 milhões de votos contra 31 milhões de Lula. Das 27 unidades da Federação, o petista venceu em apenas quatro delas: Rio Grande do Sul, Rio de Janeiro, Distrito Federal e Pernambuco. O salto em relação à ultima eleição direta, a de 1960, foi algo fantástico. Naquele pleito votaram 12,5 milhões; em 1989, foram 70 milhões.

Apresentaram-se oito candidatos para a eleição de 1994. Destes, apenas dois efetivamente disputaram o pleito: Fernando Henrique Cardoso (PSDB) e Luís Inácio Lula da Silva (PT). A surpresa da eleição foi a votação recebida pelo terceiro colocado, Enéas Carneiro. Era de um partido nanico – Partido da Reedificação da Ordem Nacional (Prona) – e obteve 4,6 milhões de votos, ficando à frente de Orestes Quércia, que foi candidato pelo PMDB (2,7 milhões); Leonel Brizola (PDT), que concorria pela segunda vez à Presidência (2 milhões) e Espiridião Amin (com 1,9 milhão). Fernando Henrique venceu com o dobro de votos de Lula: recebeu o apoio de 34,3 milhões de eleitores; Lula, de 17,1 milhões. Das 27 unidades da Federação, o candidato do PSDB venceu em 25. Perdeu apenas no Rio Grande do Sul e no Distrito Federal. Fernando Henrique foi o primeiro presidente eleito no primeiro turno, com 54% dos votos válidos.

Na eleição de 1998, houve um aumento de 50% no número de candidatos em relação a 1994: 12. Nove candidatos eram de partidos nanicos variando a votação entre 0,16 a 0,37% dos votos. Novamente, Enéas Carneiro obteve uma votação expressiva, porém três vezes menor do que em

1994: 1,4 milhão de votos. Ciro Gomes, pelo Partido Popular Socialista (PPS), recebeu 7,4 milhões; Lula novamente concorreu e obteve 4 milhões a mais de votos em relação à eleição anterior: 21,4 milhões. Fernando Henrique foi reeleito presidente, fato que ocorreu pela primeira vez na história da República brasileira. E mais uma vez no primeiro turno, desta vez com 39,8 milhões de votos (53%). Ele venceu em 24 unidades da Federação, Lula em duas (Rio Grande do Sul e Rio de Janeiro) e Ciro Gomes foi o mais votado no Ceará.

Em 2002, foram apresentadas seis candidaturas, das quais duas eram de partidos nanicos: o Partido Socialista dos Trabalhadores Unificados (PSTU), com José Maria de Almeida, teve 0,47%, e Rui Pimenta, pelo Partido da Causa Operária (PCO), ínfimos 0,05%. Ciro Gomes novamente concorreu e aumentou seu número de votos: 10,1 milhões. Anthony Garotinho, pelo Partido Socialista Brasileiro (PSB), ficou em terceiro lugar com 15,1 milhões. Os dois candidatos que foram para o segundo turno – o que não tinha ocorrido nas duas eleições anteriores – foram Luís Inácio Lula da Silva, com 39,4 milhões (46,4%), e José Serra (PSDB), com 19,7 milhões de votos (23,2%). O segundo turno foi vencido por Lula com 52,7 milhões de votos contra 33,3 milhões de Serra. Este só venceu em um estado: Alagoas.

Quatro anos depois, apresentaram-se sete candidatos, dos quais três eram de partidos nanicos que somados não passaram de 0,26% do total de votos válidos. A disputa do primeiro turno ficou entre quatro candidatos. Cristovam Buarque (PDT) recebeu o apoio de 2,4 milhões de eleitores. Heloísa Helena, pelo Partido Socialismo e Liberdade (PSOL), obteve votação expressiva, fruto da sua popularidade pessoal: 6,5 milhões. Lula venceu o primeiro turno com 46,6 milhões de votos, mas Geraldo Alckmin (PSDB) ficou em segundo, com 39,9 milhões, uma diferença bem menor do que a vitória obtida pelo candidato do PT na eleição anterior – o que pode ser explicado pelos efeitos eleitorais do escândalo do mensalão.[9]

Porém, no segundo turno, Lula foi reeleito com 58,2 milhões de votos, e Alckmin teve uma votação inferior a do primeiro turno: 37,5 milhões, com queda de 2,2 milhões de votos, caso único nas eleições pós-1989. Dife-

---

9. Para mais informações sobre o escândalo do mensalão, ver: Villa, Marco Antonio. *Mensalão. O julgamento do maior caso de corrupção política da história brasileira*. São Paulo: LeYa, 2012.

rentemente de 2002, o candidato oposicionista no segundo turno venceu em sete estados: Rio Grande do Sul, Santa Catarina, Paraná, São Paulo, Mato Grosso do Sul, Mato Grosso e Roraima.

Em 2010 postularam à Presidência nove candidatos, seis deles de partidos nanicos, que somados atingiram 1,1%, dos quais 0,87% foram destinados ao candidato do PSOL, Plínio de Arruda Sampaio. Marina Silva, do Partido Verde (PV), foi a grande surpresa da eleição, recebendo 19,6 milhões de votos, ficando em terceiro lugar. Os dois primeiros foram Dilma Rousseff (PT), com 47,6 milhões, e José Serra, com 33,1 milhões. O segundo turno foi vencido por Dilma com uma diferença de 14 milhões de votos a seu favor: 55,7 milhões contra 43,7 milhões de votos recebidos por Serra. Vale observar que Alckmin foi derrotado por 20 milhões de votos, e Lula, em 2006, teve mais votos que Dilma em 2010.

•••

Ao se fazer um balanço das eleições presidenciais – tanto das diretas como das indiretas; tanto daquelas com sufrágio restrito como aquelas com sufrágio expandido e sob regime das amplas liberdades democráticas –, observa-se que a oposição venceu em apenas cinco vezes (1950, 1955, 1960, 1985 e 2002), isto em um total de 29 eleições durante 121 anos de República.

CAPÍTULO 2

O ensaio

O ano de 2014 começou efetivamente em 3 de fevereiro, quando o Congresso Nacional e o Supremo Tribunal Federal retomaram suas atividades. O Executivo Federal também deu sinal de vida com a posse de quatro novos ministros: Aloizio Mercadante na Casa Civil, Arthur Chioro na Saúde, José Henrique Paim na Educação e Thomas Traumann na Secretaria de Comunicação Social. A mudança ministerial esteve relacionada diretamente com o processo eleitoral de outubro. As substituições nos ministérios da Saúde e da Casa Civil possibilitaram as liberações de Alexandre Padilha, candidato ao governo de São Paulo, e Gleisi Hoffmann, candidata ao governo do Paraná.

    Aloizio Mercadante saiu do ministério da Educação após uma pálida gestão sem qualquer realização, deixando em seu lugar um técnico desconhecido e inexpressivo nos campos educacional ou político. Transferiu-se para a Casa Civil para ser o coordenador político do governo, tarefa complexa, mais ainda em ano eleitoral e sem ter se destacado ao longo da sua longa carreira como um articulador. Pelo contrário, sempre foi considerado um desastrado, tanto que Lula, nos oito anos de Presidência, nunca o designou para nenhum cargo ministerial.

Thomas Traumann substituiu Helena Chagas, que tinha ficado na alça de mira do PT. Era criticada por não possuir um perfil petista, por ser considerada muita branda na relação com a imprensa e, principalmente, por não ter dado o "apoio" financeiro aos blogueiros e à mídia de aluguel, regiamente remunerada por verbas oficiais ou oficiosas.

O PT demonstrava com a reforma ministerial que não estava para brincadeira. O Executivo e seus tentáculos na economia e na sociedade estariam a serviço do projeto petista de tomar o aparelho de Estado e permanecer nele abrigado. E seus adversários que tomassem cuidado. Um bom (e triste) exemplo ocorreu em 3 de fevereiro, nas dependências do Congresso Nacional, quando da abertura dos trabalhos legislativos. O deputado petista André Vargas, no exercício da presidência da Câmara dos Deputados, desrespeitou o presidente do Supremo Tribunal Federal, permanecendo diversas vezes com o braço erguido e o punho cerrado. Seria uma crítica à condenação dos mensaleiros do PT. Para o deputado, não passou de "um direito de opinião". Em entrevista, disse que:

> o ministro Joaquim Barbosa não aposta na unificação do Poder. Estou dando minha opinião. Ele não está à altura de ser presidente de um Poder. Não se comporta como presidente de um Poder. Ele se comporta como um ministro polêmico, o ministro que mais divide do que une.

Dilma iniciou o ano como a grande favorita para vencer a eleição. Tinha a máquina governamental nas mãos, durante três anos ocupou sozinha o primeiro plano da cena política e usou e abusou das redes obrigatórias de rádio e televisão. Com recursos públicos, garantiu ampla publicidade na imprensa especialmente nos estados onde não havia efetiva liberdade de manifestação. Artistas e intelectuais "chapa-branca" receberam generosos patrocínios para filmes, peças de teatro, livros e exposições. E claro, quando necessário, sempre manifestaram apoio ao governo. Inúmeros blogs foram financiados pelo governo e se transformaram em porta-vozes informais dos interesses petistas.

Mesmo assim, Dilma encontrou resistência no PT para apresentar a sua candidatura à reeleição. Um setor do partido insistiu no lançamento de Lula à Presidência. Temiam que Dilma, no decorrer do processo eleitoral, pudesse colocar em risco o projeto do partido de se perpetuar no poder. Sabiam que a eleição seria muito disputada e que o panorama de 2014 era muito distinto daquele de 2010. Além do que, o papel do ex-Presidente na campanha não poderia ser o mesmo do exercido na eleição anterior. Afinal, ele não estaria mais elegendo a sucessora. Caberia a ela o papel principal. Mas a criatura não tinha vida própria, dependia do criador para tudo, e a direção petista sabia disso. O "volta, Lula" era um espectro que rondava diuturnamente a consolidação da candidatura de Dilma à reeleição.

Aécio Neves tentava consolidar a sua candidatura dentro do PSDB. Desta vez o partido definiu rapidamente quem seria o seu representante. Mas o consenso não parecia real. Dava a impressão de ter sido produzido mais por falta de opção do que por concordância. Se recebeu o apoio entusiástico de Fernando Henrique Cardoso, o mesmo não tinha ocorrido por parte de duas importantes lideranças tucanas de São Paulo, o maior colégio eleitoral: Geraldo Alckmin e José Serra.

Eduardo Campos, do Partido Socialista Brasileiro (PSB), esforçou-se para transformar o desejo de ser candidato em realidade. Não foi uma tarefa fácil. Vinha de um estado de pouca expressão política e econômica. Romper com a polarização PT-PSDB era seu desafio. Em um país de dimensões continentais, uma campanha presidencial tem alto custo. E a colaboração financeira é essencial para a viabilização da candidatura. O apoio recebido de Marina Silva, em setembro do ano anterior, após o TSE ter recusado o registro do Partido Rede Sustentabilidade, deu novo alento ao seu projeto, porém a todo instante era colocada a questão de quem seria efetivamente a cabeça da chapa.

Em 22 de fevereiro, foi divulgada a primeira pesquisa Datafolha do ano. Dilma recebeu aprovação de 41% dos entrevistados, bom índice, pois desde junho de 2013, quando estava com apenas 30% – reflexo das manifestações daquele mês –, engatou um crescimento contínuo de melhora de avaliação. Na escolha de intenção de voto para a Presidência, Dilma liderava com folga: 47%. Tinha conseguido articular sete partidos em apoio a sua candidatura. O presidente do PTB, Benito Gama, até para aproveitar a onda, deu declarações entusiásticas de apoio a Dilma. Quando perguntado se o partido poderia mudar de ideia, foi enfático: "Não, não há chance".[10]

Aécio recebeu apenas 17% das intenções de voto, índice preocupante, pois em outubro do ano anterior estava com 21% e dois meses depois, com 19%. Assim, dava a entender que estava em um movimento de queda. Campos ficou com 12%, um ponto a mais em relação à última pesquisa de novembro de 2013 – já Marina recebeu 23%, quase o dobro das suas intenções de voto. Com este quadro, Dilma seria reeleita no primeiro turno – o que o PT não tinha conseguido nas eleições de 2002, 2006 e 2010. Um indicador na mesma pesquisa apontou que poderia haver algum tipo de reversão: na avaliação do governo, o índice de ruim ou péssimo tinha crescido quatro pontos, indo de 17 para 21%. A 27 de março foi divulgada a pesquisa CNI/Ibope sobre a avaliação do governo. Nela, 36% consideraram ótimo ou bom e 36%, regular. O índice de ruim ou péssimo foi bem acentuado: 27%.

A divulgação do escândalo envolvendo a compra pela Petrobras da refinaria de Pasadena, no Texas, Estados Unidos, deixou o governo em uma situação difícil. O caso começou em 2006, quando a Petrobras comprou 50% da refinaria pagando US$ 360 milhões, isto quando um ano antes a belga Astra Oil tinha adquirido a mesma empresa por apenas US$ 42,5 milhões. Em 2008, por decisão judicial, a Petrobras foi obrigada a comprar os 50% sob controle da empresa belga, pagando no total US$ 1,18 bilhão pela refinaria, 27 vezes o valor gasto pela Astra em 2005 para assumir o controle do empreendimento.

O escândalo atingiu o governo porque à época do trágico negócio quem presidia o Conselho de Administração da Petrobras era Dilma Rousseff. A presidente tentou justificar a concordância à operação dizendo que se baseou em um relatório. Posteriormente refez a justificativa e considerou o mesmo documento como "falho". A imprensa fez muito barulho, porém o caso não teve grande repercussão política entre a população. Acabou sendo interpretado como mais um caso de corrupção, como algo da natureza da política brasileira, nada mais.

No início de abril – e como mais um passo na estratégia eleitoral de se manter no poder a qualquer preço –, nova substituição no coração

---
10. Blog de Fernando Rodrigues. Postagem de 20 de fevereiro de 2014.

político do governo: saiu Ideli Salvatti e entrou o deputado Ricardo Berzoini no ministério das Relações Institucionais. Estreitamente vinculado a Lula, Berzoini era um homem da máquina petista e que tinha como missão melhorar a relação da presidente com o partido, especialmente com a proximidade das eleições.

Nova pesquisa Datafolha demonstrou que a tendência de queda de Dilma se mantinha. Se em fevereiro estava com 44% das intenções de voto, caiu seis pontos em abril, atingindo 38%. Mas o seu principal opositor, Aécio, continuou no mesmo lugar com 19%, e Campos teve crescimento de um ponto, chegando a 10%. Era um cenário curioso, a presidente dava sinais de que estava gradualmente perdendo apoio dos eleitores, mas seus opositores não cresciam.

Percebia-se no ar um sentimento de enfado em relação ao governo Dilma. Contudo, a oposição ainda não tinha conseguido atrair eleitores que estivessem decepcionados com a administração petista, mais ainda não tinha encontrado uma alternativa de poder. Uma razão poderia ser que tanto Aécio como Campos eram desconhecidos de boa parte dos eleitores. Segundo pesquisa, Aécio era desconhecido de 25% dos entrevistados e Campos, de 42% – já Marina Silva, sua companheira de partido, era desconhecida de apenas 13% dos entrevistados. A presidente era conhecida por 99% dos entrevistados.

Era patente que o eleitorado estava insatisfeito com os rumos do governo. Entre os entrevistados, 63% concordaram que Dilma teria feito pelo país menos do que eles esperavam. E 72% queriam que o novo presidente atuasse de forma distinta em relação à atual primeira mandatária. A luz amarela acendeu no painel dos petistas. Nos bastidores aumentou o tom do "volta, Lula", que contava, inclusive, com apoio discreto de políticos da base governista no Congresso e também de grandes empresários insatisfeitos com os rumos da economia e com a falta de interlocução com o Palácio do Planalto.

Dilma, sem nenhum pudor, convocou rede de rádio e televisão para o dia 30 de abril. Usou como pretexto o feriado de 1º de maio. Falou como candidata e não como presidente. Sem razão aparente, a não ser a queda da popularidade e o desejo de ser reeleita, anunciou o aumento em 10% dos valores do programa Bolsa Família, com o objetivo de manter o eleitorado das áreas mais pobres do país, e a correção da tabela do imposto de renda, medida destinada especialmente à classe média.

Mas o que chamou mais a atenção foi a linguagem utilizada no pronunciamento, uma mistura de propaganda das supostas realizações governamentais e a agressividade contra críticas oposicionistas. Disse:

> Quero reafirmar, antes de tudo, que é com vocês e para vocês que estamos mudando o Brasil. Vocês que estão nas fábricas, nos campos, nas lojas e nos escritórios sabem bem que estamos vencendo a luta mais difícil e mais importante: a luta do emprego e do salário.

No discurso foi imputando à oposição o que ela nunca tinha defendido, seguindo, assim, a cartilha petista de demonizar e constranger o adversário:

> Algumas pessoas reclamam que o nosso salário-mínimo tem crescido mais do que devia. Para eles, um salário-mínimo melhor não significa mais bem-estar para o trabalhador e sua família, dizem que a valorização do salário-mínimo é um erro do governo e, por isso, defendem a adoção de medidas duras, sempre contra os trabalhadores.
> Nosso governo nunca será o governo do arrocho salarial, nem o governo da mão dura contra o trabalhador. Nosso governo será sempre o governo da defesa dos direitos e das conquistas trabalhistas.

Acusou a oposição do "quanto pior, melhor." Proclamou que seu governo era um exemplo no combate à corrupção:

> O que envergonha um país não é apurar, investigar e mostrar. O que pode envergonhar um país é não combater a corrupção, é varrer tudo para baixo do tapete. O Brasil já passou por isso no passado e os brasileiros não aceitam mais a hipocrisia, a covardia ou a conivência.

No mesmo sentido, acusou a oposição de usar as denúncias de corrupção na Petrobras como um instrumento contra a empresa e os interesses nacionais:

> Não transigirei, de nenhuma maneira, em combater qualquer tipo de malfeito ou atos de corrupção, sejam eles cometidos por quem quer que seja. Mas igualmente não vou ouvir calada a campanha negativa dos que, para tirar proveito político, não hesitam em ferir a imagem dessa empresa que o trabalhador brasileiro construiu com tanta luta, suor e lágrimas.

Dilma continuou, sem qualquer constrangimento, usando a rede de rádio e televisão de modo ilegal, absolutamente distante dos parâmetros adequados a um pronunciamento do dia do trabalhador. Elogiou as ações governamentais na educação, os investimentos de mobilidade urbana, o programa Mais Médicos e defendeu um plebiscito sobre a reforma política. Terminou com três "vivas". Foi um mau sinal. Ficou claro que qualquer cerimônia, ato administrativo ou ação governamental seriam meros instrumentos de propaganda eleitoral.

Nova pesquisa Datafolha divulgada na primeira semana de maio desenhou um cenário eleitoral preocupante para a reeleição de Dilma. Quando perguntados sobre quem era mais preparado para fazer mudanças – excetuando Lula, que não era candidato, mas estava entre os possíveis escolhidos pelos entrevistados – Aécio ficou em primeiro lugar com 19%, Dilma com 15% e Campos com 10%. Dilma continuava liderando com 37%, mas com uma queda de 1% em relação à pesquisa anterior. Já Aécio subiu um ponto e chegou a 20%, enquanto Campos também subiu um ponto e chegou a 11%. Já estava mais do que claro que a hipótese de Dilma vencer no primeiro turno era muito remota e a hipótese só era propagada como um instrumento de campanha dando a entender aos adversários e aos eleitores que a reeleição era líquida e certa.

•••

O pastor Everaldo Dias Pereira, da Assembleia de Deus, Ministério Madureira, no Rio de Janeiro, e vice-presidente nacional do Partido Social Cristão, foi lançado candidato à Presidência da República. O PSC era um pequeno partido que tem como base a defesa dos valores morais e éticos do cristianismo tradicional. Elegeu em 2002 apenas um deputado federal e obteve 500 mil votos no conjunto do país. Quatro anos depois saltou para nove deputados federais e mais que triplicou os votos: 1,8 milhão. Em 2010 elegeu dezessete deputados e obteve um total de 3,1 milhões de votos. Desta vez sinalizou que queria participar efetivamente da eleição presidencial e não ser mais um pequeno partido.

Outros sete candidatos se apresentaram. Dois eram de partidos considerados nanicos: Eduardo Jorge, do PV, e Luciana Genro, do PSOL. Os outros cinco eram de partidos sem nenhuma expressão eleitoral: José Maria Eymael, do Partido Social Democrata Cristão (PSDC); Levy Fidelix, do Partido Renovador Trabalhista Brasileiro (PRTB); Mauro Iasi, do Partido Comunista Brasileiro (PCB); Rui Costa Pimenta, do PCO; e José Maria de Almeida, do PSTU.

As onze candidaturas foram aceitas pelo Tribunal Superior Eleitoral – eram 32 partidos com registro no TSE. Para governadores dos estados, o número de candidatos foi de 172, já para o Senado de 182, e 6.976 para deputado federal. No total geral, incluindo os governadores e deputados estaduais, eram 25.596 candidaturas.

O fundo partidário no decorrer de todo o ano previu distribuir R$ 179,7 milhões para as atividades dispostas na legislação. Entre as três maiores dotações, o PT liderou com R$ 29,4 milhões, depois veio o PMDB com R$ 21 milhões, seguido do PSDB com R$ 19,8 milhões.

O número de eleitores alcançou 142.822.046, pouco mais de 7 milhões superior ao registrado em 2010. Chamou a atenção a desproporção entre homens e mulheres eleitores em relação à distribuição populacional. Eram 74.459.424 mulheres (52,1%) e 68.247.598 homens (47,7%) – 115.024 não informaram o sexo. Do total, 7.389.545 eram analfabetos. Mais que o dobro dos que foram declarados como analfabetos (17.252.115) sabia ler e escrever com dificuldade – estando, pois, mais próximos dos analfabetos do que daqueles que eram efetivamente alfabetizados. Em outras palavras, não seria exagero afirmar que 17% do eleitorado era composto por analfabetos.

Pouco mais de 43 milhões foram identificados como tendo o ensino fundamental incompleto – eram 30,2%. Pouco mais de 10 milhões teriam o ensino fundamental completo, e 27,5 milhões, o ensino médio incompleto. Com o ensino médio completo eram 23,8 milhões, e 5,2 milhões foram registrados com o ensino superior incompleto. Oito milhões tinham o ensino superior completo, representando apenas 5,6% do eleitorado. Vale registrar que no quesito escolaridade, os homens perdiam em todas as faixas, algumas vezes de goleada – 40,6 a 59,3%, como no ensino superior completo –, exceto no ensino fundamental incompleto e entre aqueles quem leem e escrevem.

A distribuição regional dos eleitores seguia aproximadamente a da população. No Centro-Oeste foram registrados 10,2 milhões (7,1%), no Norte eram 10,8 milhões (7,5%), no Sul pouco mais de 21 milhões (14,7%), no Nordeste 38,2 milhões (26,7%) e no Sudeste 62 milhões (43,4%) – e ainda 354 mil no exterior (0,2%). Curiosamente, tanto o Nordeste como o Sul tiveram uma queda percentual no total nacional dos eleitores. O primeiro caiu de 27 para 26,7% e o Sul de 14,9 para 14,7%.

O mês de junho encerrou a primeira fase do processo eleitoral com a realização das convenções partidárias e a definição de todas as candidaturas. No burocratismo eleitoral brasileiro, o TSE permitiu aquilo que já estava em curso há meses: a campanha eleitoral. Porém, o início da Copa do Mundo atraiu todas as atenções. Ninguém quis saber de eleição, nem os candidatos. O assunto não era Dilma ou Aécio, mas se a seleção brasileira iria conquistar o hexacampeonato.

CAPÍTULO 3

Jogando os dados

A trágica derrota da seleção brasileira para a Alemanha na Copa do Mundo deu a impressão de que o governo passaria a ser alvo novamente de críticas em relação aos enormes gastos para a realização do evento. Não foi o que ocorreu. A ressaca pelo fracasso logo passou e a vida retornou à normalidade. Mesmo assim, o interesse pela eleição presidencial permaneceu diminuto.

Somente no final de julho é que houve alguma agitação. No dia 25 foi deflagrada uma crise entre o governo e o banco Santander, controlado por investidores espanhóis. A divulgação de um relatório de avaliação da conjuntura econômica dirigido aos clientes de alta renda detonou uma violenta resposta governamental e do PT. No relatório produzido pela assessoria do banco foi desenhado um cenário pessimista da economia brasileira e de seu futuro imediato, em caso de vitória de Dilma:

> A economia brasileira continua apresentando baixo crescimento, inflação alta e déficit em conta corrente. A quebra de confiança e o pessimismo crescente em relação ao Brasil vêm derrubar ainda mais a popularidade da presidente, que vem caindo nas últimas pesquisas, e que tem contribuído para a subida do Ibovespa. Difícil saber até quando vai durar esse

cenário e qual será o desdobramento final de uma queda ainda maior de Dilma Rousseff nas pesquisas. Se a presidente se estabilizar ou voltar a subir nas pesquisas, um cenário de reversão pode surgir. O câmbio voltaria a se desvalorizar, juros longos retomariam alta e o índice da Bovespa cairia, revertendo parte das altas recentes. Esse último cenário estaria mais de acordo com a deterioração de nossos fundamentos econômicos.

Apesar da redação confusa, o recado era claro: uma vitória de Dilma agravaria a situação econômica do Brasil. Era uma constatação presente no mercado financeiro. Conforme a presidente caía nas pesquisas de intenção de voto, o índice Bovespa subia. Era evidente que havia uma profunda desconfiança sobre os rumos do governo. E mais ainda sobre um segundo mandato de Dilma.

No mesmo mês, o relatório do banco americano Goldman Sachs chegou às mesmas conclusões:

> De maneira genérica, sob um possível segundo mandato da presidente Rousseff, esperamos que o conjunto de políticas permaneça heterodoxo. Isso indica que provavelmente será protelado por vários anos o ajuste interno (inflação) e externo (contas com o exterior) de que a economia precisa. Uma administração Aécio Neves provavelmente seria capaz de gerar um choque positivo de confiança.

O que poderia passar desapercebido se transformou em uma crise. Dilma e Lula protestaram violentamente. Não só protestaram como também ameaçaram o Santander de retaliação. Era o maior banco estrangeiro que operava no país. Sua diretoria tinha relações próximas com o PT, especialmente com Lula, que usou diversas vezes as aeronaves do banco em voos na Europa. O presidente do Santander fez questão de vir a público para por panos quentes: "O presidente Lula é muito amigo meu, e para ele só tenho elogios".

Lula declarou indignado: "Botin [presidente do banco], meu querido. Eu tenho consciência que não foi você que falou, mas essa moça tua que falou não entende porra nenhuma de Brasil ou do governo Dilma". E continuou: "Manter uma mulher dessas em cargo de chefia é sinceramente... Pode mandar embora e dar o bônus dela pra mim". Demonstrando ter intimidade com o banco, sua direção e a escorchante política de juros do governo Dilma, o ex-presidente completou: "Aqui no Brasil o Santander ganha mais que em Nova York, Londres, Pequim, Paris, Madri e Barcelona".

As ameaças acabaram produzindo efeitos. Obedientemente, a direção do banco demitiu quatro funcionários e emitiu uma nota de desculpas:

> O Santander esclarece que adota critérios exclusivamente técnicos em todas as análises econômicas, que ficam restritas à discussão de variáveis que possam afetar os investimentos dos correntistas, sem qualquer viés político ou partidário. O texto veiculado na coluna *Você e Seu Dinheiro*, no extrato mensal enviado aos clientes do segmento Select, pode permitir interpretações que não são aderentes a essa diretriz. A instituição pede desculpas aos seus clientes e acrescenta que estão sendo tomadas as providências para assegurar que nenhum comunicado dê margem a interpretações diversas dessa orientação.

A direção petista manifestou – sinal dos tempos – satisfação pela demissão da funcionária. "Já houve um pedido de desculpas formal enviado à Presidência. [...] A informação que deram é de que estão demitindo todo o setor que foi responsável pela produção do texto. Inclusive gente de cima. E estão procurando uma maneira de resgatar o que fizeram", afirmou Rui Falcão, presidente do PT. Entre a divulgação do relatório e o recuo do banco, militantes petistas iniciaram uma campanha – logo encerrada – de boicote ao Santander. Outros chegaram a propor uma ação mais dura do governo contra o banco, desenterrando a acusação de imperialismo financeiro. Prefeitos petistas disseram que romperiam convênios com o Santander.

Sindicatos de bancários petistas aproveitaram para também engrossar o coro repressivo:

> Consideramos o gesto do banco irresponsável, não só com a economia, mas com a democracia brasileira. Uma instituição desse porte não po

de, ainda que tenha preferência eleitoral, praticar especulação, agredir a imagem do país e pôr em dúvida a nossa estabilidade. Vivemos uma situação de cenário mundial complicado, mas com crescimento sustentável, inflação controlada, juros estáveis, geração de empregos e elevação da renda.

Não satisfeito, o Santander, demonstrando absoluta fidelidade ao governo, pediu, dias depois, novamente desculpas, agora diretamente aos clientes:

> O seu extrato mensal recebido no mês de julho trouxe, na coluna *Você e Seu Dinheiro*, um texto contendo comentários sobre a evolução da economia no contexto de pesquisas eleitorais. Esclarecemos que, de forma alguma, a nota reflete uma posição do banco com relação ao cenário político, e pedimos desculpas se seu teor dá margem a interpretações nesse sentido. O Santander adota critérios exclusivamente técnicos em todas as análises econômicas, que ficam restritas à discussão de variáveis que possam afetar os investimentos dos correntistas, sem qualquer viés político ou partidário. Foram tomadas providências para assegurar que nenhum futuro comunicado dê margem a interpretações diversas dessa orientação. Mais uma vez, lamentamos profundamente qualquer mal-entendido que possa ter sido provocado pelo referido texto. Permanecemos à sua disposição para qualquer esclarecimento adicional.

Contemporaneamente ao incidente envolvendo o Santander, o PT apontou seus canhões para uma consultoria, a Empiricus. Tudo porque a empresa tinha veiculado anúncios na internet apontando para a relação entre a defesa do patrimônio dos seus clientes e a política econômica do governo. Com chamadas inteligentes, acabaram atraindo não só a atenção de possíveis clientes, como também do PT: "Como proteger seu patrimônio em caso de reeleição da Dilma, já", ou "Que ações devem subir se Aécio ganhar a eleição? Descubra aqui, já".

O PT recorreu ao Tribunal Superior Eleitoral. Argumentou que "o conteúdo da campanha ultrapassa qualquer limite da liberdade de informação, chegando a incitar um certo terrorismo no mercado financeiro".

Acabou conseguindo a retirada dos anúncios. Foi uma medida perigosa à livre manifestação garantida pela Constituição. Uma simples avaliação econômica se transformou, para os petistas, em grave delito de opinião.

Um dos diretores da consultoria externou sua contrariedade frente ao episódio:

> Os anúncios foram baseados em análise factual, compartilhada por outras pessoas do setor. É absurdo relacionar isso a uma questão eleitoral. Como vou explicar a valorização da Petrobras na Bolsa nos últimos meses sem recorrer aos levantamentos eleitorais? Serei obrigado a inventar que foi por causa da expectativa de balanços financeiros positivos da empresa?

Os incidentes sinalizaram como agiria o PT na campanha presidencial. Estaria vigilante frente a qualquer manifestação de independência dos agentes econômicos – e não só da imprensa. E exigiria, através do partido ou de seus braços sindicais, mais do que retratação pública: buscaria humilhar quem ousasse se manifestar contra o governo Dilma. O recado foi dado e entendido. Não haveria, como no passado, greves ou concentrações populares contra adversários do partido. Agora, detendo o aparelho de Estado, o utilizaria sem qualquer pudor para se manter no poder.

Segundo um novo levantamento do Ibope, Dilma Rousseff venceria em São Paulo. Tinha 30% das intenções de voto contra 25% de Aécio. Até aquele momento – final de julho –, os votos dos eleitores de Geraldo Alckmin não tinham sido transferidos para o candidato presidencial do PSDB. Dilma tinha vários problemas em São Paulo. Na capital, o prefeito Fernando Haddad estava muito mal avaliado: 47% dos entrevistados consideravam sua gestão ruim ou péssima. O mesmo instituto identificou em pesquisa que Alexandre Padilha, o candidato petista, obtivera apenas 4% das intenções de voto, enquanto Alckmin recebeu 54%, podendo vencer no primeiro turno. Por outro lado, Paulo Skaf, que tinha 16%, relutava em apoiar Dilma, isto porque a rejeição a ela no estado de São Paulo era muito alta: 47% – no país era de 35%. Na capital paulista, a maior cidade do país, era ainda maior: 49%.

Já em Minas Gerais, como seria de se esperar, Aécio obtinha o seu melhor resultado: 41% das intenções de voto. Dilma estava em segundo com 31%. Mas a campanha do candidato de Aécio ao governo estadual, Pimenta da Veiga, ainda não havia decolado. Continuava atrás de Fernando Pimentel (PT) nas pesquisas. Não era um mau resultado para Pimenta da Veiga, pois Pimentel tinha sido candidato no período recente várias vezes, além de ter gozado da exposição como ministro de Dilma. Pimenta, por sua vez, tinha se mantido afastado da política por mais de uma década.

O espírito regional estava presente em Pernambuco, onde Eduardo Campos obtinha o segundo lugar – caso único em todo o país – com 37% (em São Paulo alcançou 6% e no Rio de Janeiro e Minas Gerais, 5%). Dilma liderava com 41% e Aécio obtinha apenas 6% das intenções de voto, sinalizando naquele momento que o PSDB continuava com dificuldade para penetrar no Nordeste. Em 2010, o PT venceu em todos os nove estados da região e com uma diferença, no segundo turno, de 11,5 milhões de votos, isto quando a diferença nacional foi de 12 milhões. Ou seja, o Nordeste representou 96% do total da vantagem da candidata oficial.

No Rio de Janeiro, Dilma liderava com folga de vinte pontos, a maior entre os principais colégios eleitorais do país. Tinha 35% das intenções de voto e Aécio, apenas 15%. A aproximação do PSDB com o PMDB não tinha obtido resultado entre os eleitores. Deve ser registrado que no Rio de Janeiro o número de votos brancos e nulos alcançava 23%, muito superior ao de São Paulo (14%) ou de Minas Gerais (10%).

Era no Rio que o pastor Everaldo apresentava melhor desempenho: 4%. A capital fluminense tinha um significativo contingente evangélico estimado em 25% da população. Mas as igrejas evangélicas estavam politicamente divididas. Uma delas, a Igreja Universal do Reino de Deus (IURD), continuava mantendo o apoio ao PT, assim como o fez em 2010. Os laços entre a IURD e o PT tinham se consolidado no segundo governo Lula. Na divisão dos ministérios, tinha como seu o da Pesca desde 2012.

A Assembleia de Deus Belém estava mais próxima de Aécio, mas não tinha formalizado apoio, como fez em 2010 em relação à candidatura José Serra. Já outros dois ramos da Assembleia de Deus, a Madureira e a Vitória em Cristo, estavam com o pastor Everaldo, o que sinalizou uma mudança em relações às eleições anteriores e uma possibilidade de tendência para o futuro.

Outras denominações evangélicas ainda não tinham se definido, aguardando o início do horário gratuito na rádio e televisão e seu reflexo nas pesquisas de intenção de voto, além de resolver divergências estaduais compondo chapas que favorecessem seus candidatos à Câmara dos Deputados (a chamada "bancada de Deus") e às assembleias legislativas.

Aécio Neves e Eduardo Campos buscaram ganhar espaço na imprensa em atividades externas, o chamado corpo a corpo. Visitaram diversas cidades, foram a locais de aglomeração pública, sempre com o intuito de demonstrar identidade com os problemas e os sentimentos dos eleitores. Também procuraram demarcar a diferença em relação a Dilma, sua política econômico-social e seu isolamento palaciano.

A presidente estava evitando compromissos públicos e fugindo do contato público. Buscou sempre auditórios favoráveis como reuniões sindicais ou de movimentos simpáticos ao PT. E tudo fez para não ser entrevistada pelos jornalistas, principalmente em momentos que teria de responder sobre questões consideradas espinhosas. O mesmo se aplicou ao seu criador, Lula. O ex-presidente escolheu a dedo onde falou. Buscou sempre plateias favoráveis onde pôde discursar sem encontrar qualquer tipo de contratempo e, ao mesmo tempo, garantir a repercussão pública de suas palavras. Já era parte da história as caminhadas de Lula pelas ruas, o encontro com eleitores, abraços, pedidos de autógrafos.

Agosto começou com um clima eleitoral um pouco mais animado. Mas só um pouco. Não foi por falta de recursos. Os dois principais candidatos – Dilma e Aécio – em apenas um mês de campanha arrecadaram cada um R$ 10 milhões. Mesmo Eduardo Campos, com chances remotas de vitória, tinha conseguido obter R$ 7 milhões.

Ainda era pouco frente ao que os três candidatos esperavam arrecadar, algo próximo a R$ 750 milhões. Sem esquecer a triste tradição brasileira do "caixa dois", aqueles recursos arrecadados e gastos sem o devido registro legal. Sendo assim, o gasto total dos candidatos presidenciais certamente suplantaria R$ 1 bilhão, transformando a campanha de 2014 na mais cara da história do Brasil.

O primeiro fim de semana do mês não foi bom para a candidata oficial. As duas principais revistas semanais – *Veja* e *Época* – publicaram matérias que comprometiam o governo. A *Época* foi a São Bernardo do Campo, onde se localizava um escritório de representação do Conselho Nacional do Serviço Social da Indústria (Sesi). A presidência da entidade tinha sido entregue a Jair Meneguelli, ex-presidente da CUT, desde 2003. O ex-operário recebia, segundo a revista, entre salário e verbas de representação, cerca de R$ 60 mil mensais. Morava em Brasília em amplo apartamento do Sesi, era servido por uma corte de funcionários e usufruía de carros oficiais no Distrito Federal e em São Paulo.

No escritório de São Bernardo, a revista foi à procura de funcionários que recebiam altos salários (entre R$ 20 mil a R$ 36 mil) e que sequer compareciam ao trabalho. Uma delas era a nora de Lula, casada com seu filho Sandro. Outra era a esposa do deputado mensaleiro João Paulo Cunha. E a lista aumentou com antigos assessores de Lula que foram dispensados do Palácio do Planalto e conseguiram obter rendosas "boquinhas" no Sesi.

A *Veja*, por sua vez, divulgou uma gravação revelando que os depoimentos realizados por atuais e antigos diretores da Petrobras na Comissão Parlamentar de Inquérito, que investigou denúncias de irregularidades na empresa, tinham sido combinados. As perguntas efetuadas pelos senadores já seriam de conhecimento dos depoentes, inclusive quando foram inquiridos o antigo presidente da Petrobras, José Sérgio Gabrielli, e a atual presidente, Graça Foster. A denúncia era muito grave – o Senado teria sido conivente com a fraude, uma vez que os parlamentares teriam recebido as perguntas já sabendo que os depoentes estavam preparados para respondê-las, pois tinham conhecimento do seu teor.

A gravação recolocou com destaque no noticiário as mazelas administrativas ocorridas na empresa nos últimos anos. Na semana anterior, o caso da refinaria de Pasadena, nos Estados Unidos, e seu fabuloso prejuízo, já tinha sido objeto de uma decisão do Tribunal de Contas da União (TCU), que responsabilizou onze ex-diretores pela malfadada operação. E mais: bloqueou os bens dos diretores, inclusive do ex-presidente da Petrobras, José Sérgio Gabrielli.

A repercussão da denúncia continuou ocupando amplo espaço no noticiário político. E foi recebendo acréscimos. Soube-se que a reunião dos funcionários da Petrobras para elaborar as perguntas e respostas ocorreu no gabinete da própria presidente da empresa. Tanto Aécio como Campos teceram duras críticas ao governo focando em Dilma. Campos declarou: "Há uma CPI para apurar malfeitos e se faz uma articulação com senadores da base dela com gente do governo para treinar perguntas e respostas antes. Ela dizer que não tem nada a ver com isso... Quem é que tem a ver com isso então?". Aécio afirmou o seguinte:

> Nós queremos saber até onde isso foi. A indicação na matéria, que precisa ser comprovada, obviamente, é a participação não apenas de senadores, não apenas de funcionários do Congresso, o que é extremamente grave, mas de funcionários da Presidência da República. Nós temos que investigar isso a fundo.

Novas revelações surgiram em cascata associando assessores do Palácio do Planalto à farsa. O secretário-executivo da Secretaria de Relações Institucionais, Luiz Azevedo, admitiu em nota que teria participado de reuniões com os diretores da Petrobras convocados a depor. Segundo ele:

> Enquanto funcionário da Secretaria de Relações Institucionais, possuo duas atribuições fundamentais no tocante à CPI da Petrobras – relação com a estatal, para que a mesma atenda de forma organizada às demandas da Comissão com transparência e eficiência; e com os parlamentares da base e da liderança do governo.

Sem atentar para a independência entre os poderes Executivo e Legislativo e também para a autonomia gerencial da Petrobras – pois a CPI visava apurar denúncias de má gestão da empresa –, Azevedo não teve pudor em defender a ação governamental e atacou a oposição:

> Visando assegurar a qualidade das informações, evitando, dessa forma, o uso político eleitoral da CPI. Por se tratar de uma ação investigativa do Parlamento envolvendo uma empresa estatal, evidentemente a articulação política do governo não deve se omitir de participar dos debates com parlamentares, inclusive para a formação do roteiro e da

estratégia dos trabalhos. Trabalhos esses que foram, desde o início, boicotados pela oposição, que agora se utiliza de oportunismo para explorar politicamente o factoide criado. Em nenhum momento nossa atuação feriu as atribuições e soberania do Parlamento, que preserva suas prerrogativas com denodo e independência.

As denúncias de manipulação da CPI chegaram perigosamente – para o governo – ao Palácio do Planalto. A 6 de agosto, quando inquirida por jornalistas sobre os fatos, Dilma Rousseff teve dificuldade para explicar a posição do governo:

Vou te falar uma coisa. Acho extraordinário. Primeiro porque o Palácio do Planalto não é expert em petróleo e gás. O expert em petróleo e gás é a Petrobras. Eu queria saber se você pode me informar quem elabora perguntas sobre petróleo e gás para a oposição também. Muito obrigada. Não é o Palácio do Planalto nem nenhuma sede de nenhum partido. Quem sabe das perguntas sobre petróleo e gás só tem um lugar. Pergunta só tem um lugar no Brasil. Eu diria vários lugares no Brasil: a Petrobras e todas as empresas de petróleo e gás.

Encerrou a entrevista – tinha comparecido à sabatina dos presidenciáveis na Confederação Nacional da Agricultura, em Brasília – de forma ainda mais confusa:

Você sabe que há uma simetria de informação entre nós, mortais, e o setor de petróleo. É um setor altamente oligopolizado, extremamente complexo tecnicamente. Acho estarrecedor que seja necessário alguém de fora da Petrobras formular perguntas para ela.

O assunto parecia não ter fim. E a cada revelação, a situação do Planalto piorava. Os candidatos de oposição aproveitaram para atacar o governo. "Acusações extremamente graves apontam agora para a cozinha do Planalto. É possível não saber o que se passa fora da sua casa, mas é impossível desconhecer o que ocorre dentro da sua cozinha", afirmou Aécio Neves. "O Planalto, ao agir dessa forma, demonstra que está preocupado em que a verdade não se coloque. Quando você precisa treinar é por que você vai mentir", ressaltou Campos.

Em resposta aos ataques oposicionistas e visando retomar a iniciativa política, parlamentares governistas aprovaram no Congresso a criação de uma CPI sobre a compra de trens para os metrôs de São Paulo e Brasília. O foco era São Paulo e os tucanos que governavam o estado desde 1995. PT e PMDB, que tinham candidatos ao governo paulista, iniciaram uma disputa pela presidência da CPI. Havia denúncias de superfaturamento na compra dos trens. Não eram novas. Foram retomadas como um instrumento para coagir a oposição tucana e dividir o espaço da cobertura política que estava concentrada na Petrobras. Foi marcada a próxima reunião para 2 de setembro. Era um meio de tentar obter acordo entre o PT e o PMDB para o comando da CPI.

Mas causou profunda estranheza a presença do chefe da Advocacia Geral da União (AGU), Luís Inácio Adams, no plenário do Tribunal de Contas da União. Adams compareceu e falou por dez minutos. Nunca na história do TCU um membro da AGU veio defender um funcionário público ou de uma empresa estatal. Adams argumentou que falava pela União, maior acionista da Petrobras. Visou impedir o bloqueio de bens da presidente da empresa. O TCU acabou adiando *sine die* sua decisão.

Não se sabia o efeito eleitoral dessas denúncias. Era, até aquele momento, o principal combustível da campanha. O interesse do eleitor ainda era muito tímido. A oposição sabia que tinha pouco tempo para virar o jogo. O governo levava vantagem. Dilma estava à frente nas pesquisas, continuava tendo uma maior exposição pública, enquanto Aécio e Campos tinham de se desdobrar para ocupar algum espaço e serem conhecidos pela maioria dos eleitores – parte deles sequer sabiam quem eram e o que faziam os candidatos.

O governo jogava com a desqualificação das denúncias esperando ganhar tempo até o momento do início do horário eleitoral, quando teria mais que o dobro do tempo de Aécio e Campos somados. Já a oposição precisava criar um fato político para constranger Dilma, fortalecer seu discurso e dar consistência a seus quadros para a etapa final da campanha, nos dois meses entre o início de agosto a 5 de outubro, data do primeiro turno.

Todos aguardavam o resultado da próxima pesquisa de intenção de votos. Não se sabia o grau de conhecimento dos eleitores das denúncias. E se as acusações tinham "colado" em Dilma ou não. A tensão estava presente no ar. Os estrategistas desenharam cenários, tanto para uma possível queda dos índices de Dilma como para a permanência na faixa próxima aos 40% dos votos constatados nas últimas pesquisas. A grande indagação colocada era se a presidente teria condições de enfrentar uma campanha curta, é verdade, mas sem ser a franca favorita, como em boa parte do ano de 2010.

A presença de Lula foi muito mais tímida do que na eleição anterior. Havia no interior do núcleo diretivo da candidata oficial uma dificuldade na forma de usar a figura de Lula. Se ficasse distante, enfraqueceria Dilma, que não tinha cacife suficiente para enfrentar a dura disputa; se fosse mais atuante, poderia passar a imagem de que ela não passava de um instrumento do ex-presidente. Usando uma metáfora futebolística, tão ao gosto de Lula, essa dualidade teria de ser resolvida – como foi – para que o governo tivesse a iniciativa do jogo e não ficasse na retranca nem fosse surpreendido em um contra-ataque.

Em 8 de agosto, foi divulgada mais uma pesquisa Ibope. Dilma continuava liderando com 38% das intenções de voto. Mantinha o mesmo resultado da pesquisa do mês de julho. Permaneceu estável, mas sem demonstrar sinais de que voltaria ao índice de maio, quando obteve 40%, o que permitira aos petistas insistir na tese de que venceria no primeiro turno. Aécio teve um crescimento de 1 ponto, chegando a 23%, e Campos seguiu o mesmo caminho: saiu de 8 para 9%. O pastor Everaldo permaneceu com os 3% da pesquisa anterior.

Em um eventual segundo turno, Dilma venceria Aécio por 42 a 36%. Em julho a pesquisa indicou 41 a 33%. A diferença tinha caído para seis pontos justamente no momento que a campanha estava efetivamente começando. No caso de Campos a diferença se manteve igual a de julho. Naquele mês, Dilma venceria com 41 a 29% e em agosto por 44 a 32%. O resultado deu a entender que a polarização Dilma-Aécio iria se ampliar até outubro e que Campos não tinha conseguido se transformar na terceira via.

A rejeição aos candidatos também tinha se mantido, em geral, no mesmo patamar. Dilma liderava disparado com 36%, Aécio permanecia em segundo com 15% – um ponto a menos que a pesquisa anterior – e Campos tinha crescido um ponto, chegando a 9%. A avaliação do governo permaneceu estável. Dos que responderam à pesquisa, 32% o consideravam regular, 31% ruim ou péssimo e 32% ótimo ou bom – um ponto acima do mês de julho. Permanecia um quadro claramente dividido em três partes. A disputa pelos 32% que achavam o governo regular foi o alvo preferencial dos estrategistas das campanhas.

O número dos pesquisados que optaram pelo voto em branco ou nulo vinha diminuindo. Em abril eram 24% e em agosto tinha caído quase pela metade: 13%. O índice dos que não sabiam quem escolher ou que não responderam também caiu no mesmo período de 13% para 11%. Mas ainda estava longe da temperatura de uma eleição presidencial. O morno ainda predominava, misto de desinteresse dos eleitores, desconhecimento dos candidatos e de suas propostas.

A pesquisa sinalizou que os efeitos da disputa na CPI da Petrobras não atingiram os eleitores. Poderia ser desinteresse, puro desconhecimento dos fatos ou o caso de terem considerado irrelevantes os fatos denunciados. Esperava-se que uma nova rodada da pesquisa Datafolha tornasse possível estabelecer um quadro mais seguro a quase duas semanas antes do início do horário gratuito.

Dilma manteve suas aparições em recintos fechados. Em São Paulo, encontrou-se com lideranças sindicais favoráveis à sua candidatura. Enfatizou o "nós contra eles":

Eles andam falando o seguinte: "vai ser necessário, para combater a inflação, tomar medidas impopulares". Sabe qual é a medida impopular à qual eles se referem? É acabar com a política de valorização do salário mínimo [...] Eles sempre falam em modificar a CLT, porque querem tirar direitos trabalhistas. Eu tenho orgulho de ter modificado (a lei) para ampliar direitos trabalhistas para quem não tinha direito.

Aproveitou para mais uma vez atacar a política econômica de FHC:

Eles quebraram o Brasil três vezes e levaram o país ao Fundo Monetário Internacional. Nós aproveitamos nosso período com o presidente

Lula e pagamos o FMI. Eles elevaram a inflação à estratosfera antes de entregar o governo após a eleição de Lula. Eles levaram o Brasil ao desemprego e ao arrocho salarial. E consideravam que tinham uma política muito boa de combater a inflação, reduzindo o reajuste do salário mínimo e o salário dos aposentados.

Aécio também estava em São Paulo e, da mesma forma que Dilma, buscou os votos dos operários. Mas ao invés de um ato fechado com lideranças sindicais, foi à porta da fábrica da Voith conversar e discursar para os operários. Era a manutenção da política do corpo a corpo. Segundo Aécio, Dilma "não sai às ruas, não olha o trabalhador nos olhos, não fala sem discurso pronto". Continuou: "Esse governo perdeu a capacidade de sinalizar para a retomada do crescimento no Brasil. O governo não inspira confiança, e sem confiança não há investimento. Viemos hoje selar um pacto com a classe trabalhadora".

O cenário de indefinição – e de certo congelamento das pesquisas – reforçou a necessidade de buscar votos em áreas consideradas estratégicas. O voto dos evangélicos foi transformado em tábua de salvação. Eram estimados em cerca de 20 milhões. Os números variavam entre as fontes e também entre os adeptos das igrejas – neste último caso por conta da mobilidade de uma denominação para outra.

Cada dirigente de igreja dava a si um poder (discutível) de direcionar o voto dos seus fiéis-eleitores aos candidatos, especialmente à presidente Dilma. Era questionável a eficácia deste método. Bastava relacionar o porcentual de evangélicos e o resultado da escolha que os entrevistados estavam apresentando nas pesquisas. O pastor Everaldo, apoiado por parte das lideranças das igrejas evangélicas, estava estacionado nos 3% de intenções de voto. E pior (e muito mais grave): violava o princípio de que cabia a cada eleitor escolher livremente o seu candidato.

Os presidenciáveis visitaram os templos sempre enfatizando o discurso religioso, como se no Brasil não existisse um Estado laico. Dilma Rousseff, que desde a sua militância juvenil era ateia, visitou diversas denominações evangélicas. Numa delas, um congresso da Assembleia de Deus Ministério Madureira, declarou que "todos os dirigentes desse país dependem do voto do povo e da graça de Deus". Entusiasmada, fez questão de citar por duas vezes o salmo de Davi: "Feliz é a nação cujo Deus é o Senhor".

A esta altura da campanha o uso da estrutura da Presidência para favorecer a candidatura de Dilma já tinha se manifestado. Visitou a usina de Belo Monte, no Pará, para inspecionar as obras (usou, inclusive, um helicóptero da FAB) e aproveitou para gravar cenas para o horário gratuito. Foi uma clara violação da lei. Mas isso, para os estrategistas da sua campanha, foi considerado irrelevante. Tanto que, dias depois, em um domingo (10 de agosto), de forma absolutamente inusual, Dilma deu uma entrevista coletiva no Palácio da Alvorada. Dissertou sobre questões que não eram urgentes simplesmente para ocupar o espaço dos noticiários naquele noite e nos jornais do dia seguinte.

A 8 dias do início da propaganda na televisão e no rádio, Mauro Paulino, diretor do Datafolha, desenhou bem o cenário eleitoral:

É uma eleição mais imprevisível do que as anteriores, principalmente de 1994 para cá. Primeiro porque ela é realizada um ano depois de um movimento muito importante na definição dos rumos da opinião pública que foram as manifestações de junho de 2013. Apesar de não terem continuado com a mesma intensidade este ano, elas marcaram uma nova forma de avaliação dos governantes. Prova disso é que a avaliação do governo federal e de vários governadores sofreu uma queda significativa na aprovação. Alguns se recuperaram. A presidenta Dilma teve uma recuperação até dezembro, mas a partir deste ano começou a perder também a popularidade. E isso é muito em função de um espírito crítico que o eleitor formou e vinha formando até as manifestações de junho. Nesta eleição, assim como nas anteriores, o cenário econômico será decisivo, mas a cobrança por melhores serviços públicos e por uma modificação no discurso político tradicional será mais forte.

Destacou ainda que:

As pesquisas têm demonstrado que há um potencial de crescimento de intenção de voto maior para os candidatos de oposição, para Aécio Neves (PSDB) e Eduardo Campos (PSB), e menor para Dilma Rousseff.

Agora, por outro lado, a Dilma tem um tempo de TV e um poder de uso, inclusive da máquina de comunicação, de exposição, muito maior que a oposição. É esse embate que vai ser interessante de se acompanhar agora. Existe esse desejo de mudança em potencial de crescimento maior para os candidatos de oposição, mas contra uma candidatura muito forte do governo, que tem uma taxa de intenção de voto hoje maior do que a dos candidatos de oposição.

E deixou aceso o farol amarelo para a candidata Dilma:

Se a gente comparar com Fernando Henrique quando se reelegeu e, principalmente, com o Lula quando se reelegeu, ela tem uma taxa bastante baixa de popularidade. Essa é realmente uma dificuldade da campanha. Durante a campanha na TV, ela vai precisar aumentar essa taxa de aprovação. Alguns pesquisadores dizem que alguém com menos de 34% não conseguiria se reeleger. Mas a comprovação disso em eleições presidenciais ainda não é possível de ser feita, porque foram apenas duas reeleições até agora. Então isso não é conclusivo. Pode ser que Dilma consiga se reeleger com essa taxa de aprovação que tem hoje, mas me parece que não seria seguro dizer que ela conseguiria. Para ter segurança, mesmo de que pode vencer no primeiro turno, ela teria de chegar aí num patamar próximo de uns 40% de aprovação.

Apesar da proximidade da eleição, nada estava definido. Mesmo a estratégia dos candidatos estava sendo construída ao sabor dos acontecimentos. A percepção do eleitorado era pela mudança mas não estava claro que tipo e forma de mudança. Nas últimas cinco eleições presidenciais, mudança somente ocorreu em uma delas: em 2002.

A eleição estava na fase do "esquenta". O espaço televisivo foi considerado mais importante do que o normal. Afinal, como a propaganda gratuita só começaria na semana seguinte, uma boa participação na televisão poderia ter reflexo nas pesquisas de intenções de voto que seriam realizadas nos próximos dias. Já tinha se transformado em uma tradição a entrevista dos presidenciáveis ao Jornal Nacional (JN). Desta vez o encontro seria conduzido pela dupla de jornalistas William Bonner e Patrícia Poeta.

Em 11 de agosto, de acordo com um sorteio prévio, foi a vez de Aécio Neves. O JN não tinha mais a audiência de tempos passados, mas ainda era o programa jornalístico de maior prestígio. Foram 15 minutos de entrevista, dos quais 10 foram dedicados a perguntas sobre o comportamento ético do candidato e de seu partido. Aécio teve de se desdobrar para falar do seu programa. Conseguiu, com muito custo, expor o que pretendia fazer na economia, com os programas sociais e a gestão do Estado.

Em um processo kafkiano, um dos artifícios usados pelo governo era de imputar à oposição um "tarifaço", em caso de vitória, logo após assumir a Presidência. Era de conhecimento geral o represamento das tarifas e preços públicos. No caso do setor elétrico estimou-se um rombo de 30 bilhões de reais – alguns chegaram até avaliar em 50 bilhões de reais. No caso da gasolina, a manutenção do preço estava criando sério problema à Petrobras. Mas esta situação foi gerada pelo governo, que evitava discutir a questão e jogava a "batata quente" no colo da oposição, especialmente de Aécio Neves.

O candidato do PSDB, ciente da armadilha e da péssima repercussão eleitoral em falar de aumentos tão sensíveis à maioria dos eleitores – e com efeitos inflacionários – , tentou de todas as formas esclarecer sua posição sem também omitir a gravidade do problema:

> Vamos tomar as medidas necessárias. É óbvio que nós vamos ter de viver um processo de realinhamento desses preços. Quando e como, obviamente é depois que tiver os dados sobre a realidade do governo é que você vai estabelecer isso. Não vou temer tomar as medidas necessárias para controlar a inflação, retomar o crescimento e principalmente a confiança perdida no Brasil.

Aécio, na mesma entrevista, bateu na tecla do inchamento do número de ministérios – mais de três dúzias – e da necessidade de enxugá-los, para criar condições de maior eficiência administrativa:

> Nós vamos sim enxugar o Estado, não é admissível, não é razoável, que nós tenhamos hoje 39 ministérios, e não apenas pelo custo dos ministérios, mas pela incapacidade de eles apresentarem resultados.

Foi apertado pelos entrevistadores para explicar a construção do aeroporto em Cláudio, cidade do interior de Minas Gerais, onde possui raízes familiares:

Olha essa fazenda que você se refere, é uma fazenda que está na minha família há 150 anos, tem lá 14 cabeças de gado. Essa é a grande fazenda. É um sitio que, valorizado ou não, minha família vai, eventualmente, nas férias, ali ninguém está fazendo um negócio. Essa cidade precisava desse aeroporto como todas as outras que tiveram investimentos em Minas Gerais, eu nunca na minha vida inteira fiz nada aquilo que eu não pudesse defender de cabeça erguida. Criou-se em torno desse caso uma celeuma, que você próprio deve estar surpreso agora, é um sítio da nossa parte talvez de 30 alqueires, algo absolutamente familiar, pequeno.

Dilma, em entrevista coletiva, insistiu em focar seu discurso atacando – como de hábito – a gestão de Fernando Henrique Cardoso, associando o ex-presidente a Aécio Neves: "O Brasil quebrou três vezes naquela época. A situação que hoje os jornais falam da Argentina, a situação, naquele momento, era mais grave". Segundo ela, "a Argentina deposita seus pagamentos e está sendo objeto de uma coisa terrível, que são os fundos abutres". E continuou: "Foi muito esforço. O governo ralou muito para poder sair da situação que nós nos encontrávamos".

Em 12 de agosto foi a vez de Eduardo Campos ser entrevistado no Jornal Nacional. O candidato teve dificuldades em responder por que razão se apresentava como oposicionista quando tinha apoiado por onze anos o governo: "O que aconteceu é que aquilo que foi prometido, que o Brasil ia corrigir os erros e aprofundar as mudanças, não aconteceu. Tantas pessoas que votaram na Dilma e se frustraram". Segundo ele, Dilma dirigia "um governo que deixou a inflação voltar, um governo que está fazendo derreter os empregos. Agora, o que o povo quer é alguém que dê solução a isso". E concluiu: "Por que você apoiou [um partido], você não está condenado a apoiar quando você já não acredita, quando você não se representa naquele governo. É um governo que levou a velha política para seu centro".

Campos foi questionado várias vezes pelos entrevistadores sobre o apoio à candidatura da sua mãe – que exercia o mandato de deputada federal – para ministro do Tribunal de Contas da União, vaga que era reservada à Câmara dos Deputados: "Olha, na hora que ela saiu candidata com apoio do meu partido, se fosse uma outra pessoa, eu teria apoiado. Por que eu não apoiaria ela que tinha todos os predicados… Eu nem votei, Bonner, porque eu não era deputado. Eu, simplesmente, torci."

Era inevitável recordar as dificuldades da sua vice com o agronegócio:

Marina não tem nada contra agronegócio ou contra indústria ou contra o desenvolvimento econômico. O que Marina defende e eu defendo também, e a sociedade brasileira quer ver hoje, é que nós temos que ter desenvolvimento com respeito ao meio ambiente e com inclusão. Esse é um conceito que no século passado parecia que disputava: ou se tem desenvolvimento ou se tem respeito à natureza. E, hoje, o mundo todo bota numa equação só, tenta efetivamente conciliar desenvolvimento com proteção da natureza e com inclusão das pessoas mais pobres.

O candidato enfatizou a defesa de temas sensíveis, muito presentes nas manifestações de junho de 2013. Um deles foi o passe livre:

As pessoas dizem: "houve uma reunião do Copom e aumentou 0,5% os juros". Ninguém pergunta de onde veio esse dinheiro. 0,5% na taxa Selic significam R$ 14 bi. O passe livre, compromisso nosso com os estudantes, custa menos do que isso.

Dilma Rousseff esteve às voltas com seu programa televisivo. Não tinha gostado dos já gravados. Havia uma tensão no coração da sua campanha. Os rumores de que Lula não seria a voz mais ouvida eram constantes. Para o presidente do PT, Rui Falcão, tudo não passou de boato. Segundo ele, já estava até decidido o que fazer para a próxima eleição presidencial:

Precisamos eleger a Dilma, para o Lula voltar em 2018. Isso significa que, ela reeleita, começa o ciclo de debate, de planejamento, para que o nosso projeto tenha continuidade, com o retorno do Lula, em 2018, que é a maior segurança eleitoral de que o projeto pode continuar.

Aécio Neves iniciou sua campanha pelo Nordeste, indo a Teresina e Imperatriz. No Piauí, denunciou a perseguição ao governo estadual patrocinada pelo Palácio do Planalto. No Maranhão, defendeu o candidato das oposições maranhenses, Flávio Dino, contra o domínio da família Sarney, nestas eleições representada pelo senador Edison Lobão Filho, também apoiado pelo PT local.

Contudo, o destino mudou radicalmente o processo eleitoral. Às 10 horas de 13 de agosto, em Santos, o avião que conduzia Eduardo Campos e assessores do Rio de Janeiro para o Guarujá, onde iria participar de um debate sobre os portos brasileiros, sofreu uma terrível queda. Não houve sobreviventes.

CAPÍTULO 4

A tragédia

Às 10 horas do dia 13 de agosto, vítima de um acidente aéreo em Santos, morreu Eduardo Campos. O candidato do PSB vinha do Rio de Janeiro onde na noite anterior tinha sido entrevistado pelo Jornal Nacional. Participaria de um seminário sobre os portos brasileiros. O avião deveria pousar na base aérea de Santos localizada na cidade vizinha do Guarujá. Todos os ocupantes do avião morreram. Marina Silva viajaria no mesmo avião de Campos. Contudo, segundo versão oficial, alterou sua agenda e voou para São Paulo em avião de carreira. Na verdade, não quis se encontrar com o governador Geraldo Alckmin, que estaria em Santos participando do seminário.

A notícia do falecimento de Campos caiu como uma bomba. Ele permanecia em terceiro lugar nas duas últimas pesquisas Datafolha e Ibope. Porém acreditava que após o início da propaganda na televisão e com os debates entre os presidenciáveis poderia crescer nas pesquisas e chegar ao segundo turno.

A cidade de Santos foi imediatamente tomada pela imprensa nacional e por políticos. O primeiro problema a ser enfrentado foi o reconhecimento dos corpos, tarefa difícil, dada a violência da explosão do avião. Os líderes do PSB e Marina Silva dirigiram-se imediatamente à cidade. Ela deu uma breve declaração à imprensa: "Essa é sem sombra de dúvida uma tragédia que nos impõe luto e profunda tristeza. Durante esses dez meses de convivência aprendi a respeitá-lo, a admirá-lo e a confiar nas suas atitudes e nos seus ideais de vida". Concluiu dizendo: "Ele estava fiel a seus ideais até seus últimos segundos. A imagem que eu quero guardar dele é da nossa última despedida, cheio de alegria, cheio de compromissos, cheio de planos".

Imediatamente começaram as especulações sobre como ficaria composta a chapa do PSB. Surgiram diversas hipóteses. A primeira – e mais implausível – era de que o partido poderia se retirar da campanha eleitoral. Era uma alternativa sem nenhum futuro pois articulada à postulação de Campos estavam as campanhas dos deputados estaduais e federais, de senadores e de vários candidatos aos governos estaduais.

Uma variante do abandono da candidatura do PSB foi a tentativa do ex-presidente Lula de sensibilizar setores do partido para que apoiassem Dilma informalmente, já que não era mais possível legalmente uma aliança formal. Lula teria chegado a insinuar esta proposta para o vice-presidente do PSB, Roberto Amaral, que, inclusive, tinha sido seu ministro da Ciência e Tecnologia. Amaral havia aceito a aliança de Campos com Marina a contragosto. Antes da adesão da ex-senadora ao PSB, Amaral a tinha chamado de "fundamentalista" e "preconceituosa".

O vice-presidente do PSB era representante da ala mais tradicional do partido, aquela identificada com os velhos postulados da esquerda pré-queda do muro de Berlim. Sua passagem pelo ministério ficou notabilizada pela defesa da construção de uma bomba atômica brasileira. Nada, portanto, mais distante da visão de mundo de Marina Silva. A manobra lulista acabou não rendendo frutos e foi logo abandonada.

A alternativa que surgiu foi a de que o PSB indicasse novo nome como cabeça de chapa. O problema é que o partido não tinha nenhuma liderança de expressão nacional fora Eduardo Campos. Além do que, em todas as pesquisas eleitorais antes da formalização da chapa, Marina sempre recebeu um número sensivelmente superior de intenções de voto do que o ex-governador pernambucano. E dificilmente ela aceitaria fazer uma dobradinha eleitoral – em posição de inferioridade – com algum outro membro do PSB. O acordo estabelecido de Marina era com Campos e não com o seu partido.

A alternativa mais natural e recomendada pelo bom senso político era a de Marina liderar a chapa e o PSB indicar um nome para a vice-presidência. Mas esta nova composição teria de aparar arestas políticas da difícil relação de Marina com o partido, encontrar um político que tivesse presença partidária e fosse conhecido nacionalmente – ou, ao menos, regionalmente – e enfrentar o desafio de chegar rapidamente a um nome de consenso, pois em 19 de agosto iria começar a propaganda televisiva.

A nova situação criava uma anomalia. Marina estava filiada ao PSB mas não tinha compromisso com o projeto do partido. Sua aliança pontual era com Eduardo Campos até o final das eleições, quando, então, retomaria a organização da sua corrente política, a Rede Sustentabilidade. Com o falecimento de Campos, Marina ao assumir o primeiro lugar na chapa do PSB deixava o partido numa sinuca de bico. Uma eventual vitória ou ida ao segundo turno fortaleceria não os socialistas, mas sim a Rede. Por outro lado, o fortalecimento da chapa poderia ajudar a eleger uma boa bancada no Congresso Nacional e nas assembleias estaduais.

Havia um temor de saber como a ex-senadora lidaria com as alianças regionais costuradas por Campos. Roberto Freire, deputado federal e presidente nacional do Partido Popular Socialista (PPS), disse que "ela não pode deixar de cumprir os compromissos da aliança que está formada em torno das alianças estaduais". O caso de São Paulo era emblemático. Marina fez de tudo para impedir uma aliança do PSB com o governador Geraldo Alckmin, candidato à reeleição. Isso quando o PSDB ofereceu a vaga de vice-governador para Márcio França, presidente estadual do PSB e deputado federal. Marina insistia que o partido deveria lançar um nome próprio e identificado ideologicamente com a Rede.

A disputa em São Paulo acabou azedando as relações da ex-senadora com a direção do PSB. Campos, como em outros momentos, conseguiu aparar as arestas, diminuindo a tensão. Mesmo assim teve de engolir a desfeita de Marina que se recusou a ter sua imagem associada eleitoralmente à dobradinha Alckmin-França, que acabou sendo aprovada pelo PSB estadual e referendado pela direção nacional.

No sábado, a Executiva Nacional do PSB, em reunião em São Paulo, já tinha decidido apoiar Marina. Não chegou a formalizar a decisão sob o pretexto de que tal decisão só poderia ser divulgada após o sepultamento de Campos. O único membro da Executiva que se posicionou na reunião contra o apoio a Marina foi Márcio França. O deputado insistiu que a ex-senadora tinha de se manifestar se desejava ser candidata: "Ser candidata depende mais dela. Marina precisa expressar que quer ser candidata. Ela não disse 'quero ser'. Marina tem um outro jeito de fazer política que não é o nosso. É dela e do partido dela".

Eduardo Campos tinha uma visão econômica distinta da defendida por Marina. Ela – até pelo acordo entre os dois – tinha silenciado e evitado polemizar. Uma das divergências era sobre o papel econômico do agronegócio. Para Campos era um importante setor e que deveria merecer apoio governamental. Acabou temperando seu discurso com um ambientalismo postiço mais para agradar Marina. Esta era considerada uma adversária do setor e foi uma das maiores críticas do código florestal, aprovado pelo Congresso Nacional em 2012 e que contou com o apoio da ampla maioria da bancada do PSB.

A líder da Rede tinha uma base social muito distinta daquela do PSB. Campos teve de buscar alianças regionais com setores tradicionais, que estavam, por diversos motivos, em dissidência com os governos estaduais. Era o único meio de estruturar o partido nacionalmente e de dar viabilidade a sua candidatura presidencial. Já Marina se alicerçava nos setores urbanos, nas classes médias, nas ONGs.

No campo do discurso também eram muito distintos. Marina buscava uma fala identificada com a modernidade pós-capitalista mas sem deixar de ser capitalista. Algo de difícil definição e que era sistematicamente demonstrado pelo hermetismo do seu discurso. Já Campos adotava os chavões socialistas, um pouco do velho populismo (recordando do avô) e algum tempero moderno. Falavam para plateias distintas. O que os unia era a tentativa de romper com o domínio PT-PSDB da política nacional. Mais do que uma terceira via, pretendiam acabar com o que chamavam de clima de Fla-Flu. Se fossem maoístas diriam que "cem flores floresçam".

Campos e Marina tinham posições próximas em relação ao aborto. Ambos eram contra. Mas a ex-senadora era adepta do ensino religioso nas escolas, o que se chocava com o Estado laico e era motivo de divergência com todos aqueles que defendiam a clássica separação republicana do Estado em relação à Igreja. Mas a divergência, naquele momento, era considerada irrelevante do ponto de vista eleitoral e dificilmente seria explorada pelos adversários.

O silêncio de Marina não ajudou a encontrar uma rápida solução à aliança PSB-Rede. Deu uma brevíssima declaração ao chegar a Recife: "Tenho senso de responsabilidade e compromisso com o que a perda de Eduardo nos impõe". O que disse não causou estranheza. Mas suas declarações no voo de São Paulo à capital pernambucana foram preocupantes. Disse que "existe uma providência divina formada em relação a mim, à Renata, ao Miguel [filho de Campos], mistérios que nós não compreendemos, nem em relação aos que ficaram e nem em relação aos que foram. São mistérios".

Na viagem – a ex-senadora sempre se deslocava com uma verdadeira comitiva, desta vez com mais quinze acompanhantes – ficou ouvindo uma pregação de um pastor evangélico através de um fone de ouvido e lendo passagens da Bíblia, especialmente o Salmo 23:

> O Senhor é o meu pastor; de nada terei falta. Em verdes pastagens me faz repousar e me conduz a águas tranquilas; restaura-me o vigor. Guia-me nas veredas da justiça por amor do seu nome. Mesmo quando eu andar por um vale de trevas e morte, não temerei perigo algum, pois tu estás comigo; a tua vara e o teu cajado me protegem. Preparas um banquete para mim à vista dos meus inimigos. Tu me honras, ungindo a minha cabeça com óleo e fazendo transbordar o meu cálice. Sei que a bondade e a fidelidade me acompanharão todos os dias da minha vida, e voltarei à casa do Senhor enquanto eu viver.

Marina passou toda a viagem sem provar nenhum alimento. Só bebeu um pouco de água utilizando-se de uma canequinha de metal que trazia consigo. Contudo, o fato mais bizarro da viagem foi o encontro, no mesmo voo, com o senador Eduardo Suplicy. Ele a beijou na testa e disse: "Meus sentimentos", como se ela fosse a viúva.

No domingo, foi enterrado Eduardo Campos. Milhares de pessoas – a Polícia Militar pernambucana estimou em 130 mil – acompanharam o cortejo do Palácio do Campo das Princesas até o cemitério Santo Amaro, na cidade de Recife. No velório estiveram presentes políticos de vários partidos e os presidenciáveis Dilma, Aécio e, claro, Marina Silva. A televisão transmitiu grande parte das cerimônias ao vivo.

Como seria de se esperar, o tom político acabou predominando, transformando o féretro em passeata. Os filhos de Campos acompanharam o caixão e várias vezes – sempre com punhos cerrados – puxaram o refrão: "Eduardo, guerreiro do povo brasileiro". Estavam vestindo camisetas amarelas com a frase dita por Campos na entrevista ao Jornal Nacional: "Não vamos desistir do Brasil". Nas laterais do caminhão do Corpo de Bombeiros que levava o caixão de Campos foram expostas duas faixas com a mesma frase.

O ex-presidente Lula compareceu e acabou recebendo algumas vaias. Mas os apupos mais intensos foram dirigidos a Dilma e acrescidos dos gritos de "Fora PT!" e "Fora Dilma!". Marina Silva foi ungida pelos presentes como verdadeira sucessora de Campos. Nada falou. As pessoas presentes tentavam tocá-la. Mostrou satisfação com aqueles que se dirigiam a ela dizendo: "Precisamos de você". E mais ainda com os gritos de "Marina Presidente!".

No dia 18, segunda-feira, foi divulgada a tão esperada pesquisa Datafolha. O resultado ficou dentro do esperado. Dilma continuava liderando com 36% das intenções de voto, Marina em segundo com 21% e Aécio com 20%, portanto, o segundo lugar estava tecnicamente empatado. O quarto lugar continuava com o pastor Everaldo, com os mesmos 3%. Uma novidade era que em um eventual segundo turno entre Dilma e Marina, a candidata do PSB venceria por 47% a 43%. Já se Dilma tivesse de enfrentar Aécio, a vitória seria sua por 47% a 39%.

Era um cenário eleitoral complexo. Marina tinha sido favorecida pela superexposição e pelo clima emocional, porém não obteve um resultado superior ao da última pesquisa quando ainda era pré-candidata – ao menos para o Datafolha, pois o PSB sempre deixou claro que o cabeça da chapa seria Campos. Era provável que na pesquisa Marina tenha recebido votos dos que pretendiam, no levantamento anterior, votar nulo ou branco, que caiu de 13% para 8% e daqueles que respondiam não saber, que também caíram de 14% para 9%.

Em abril, segundo o Datafolha, ela tinha recebido 27% das intenções de voto. Assim, os 21% não poderiam ser recebidos como um resultado expressivo. Além do que, os outros dois candidatos suspenderam as campanhas após receberem a notícia do acidente de Santos, enquanto Marina, na prática, intensificou a propaganda com brevíssimas declarações e a exposição constante da sua imagem na imprensa. Era possível especular se Marina não teria atingido seu teto e precisaria agora retirar votos dos eleitores das outras candidaturas.

Quem ficou em situação mais complicada foi Dilma Rousseff. Perdia em um eventual segundo turno contra Marina, o índice de rejeição continuava alto: 34%, contra 18% de Aécio e apenas 11% de Marina. Contudo, a aprovação do governo aumentou de 32% para 38%, um bom resultado, mas muito distante dos bons tempos – para ela – de março de 2013, quando era avaliada positivamente por 65% dos entrevistados.

O dia foi tomado também pelas especulações sobre quem seria indicado para a vice-presidência. Era consenso que o lugar caberia ao PSB. Falou-se em Beto Albuquerque, deputado federal e líder do partido na Câmara dos Deputados; em Júlio Delgado, deputado federal; em Maurício Rands, coordenador do programa do PSB; e até na esposa de Eduardo Campos, Renata. A viúva assumiu um protagonismo inesperado. Ganhou enorme espaço na imprensa.

Na própria segunda-feira ela compareceu a um ato do PSB pernambucano. Foi recebida aos gritos de "Renata vice" pelos cinco mil presentes. Roberto Amaral, no exercício da presidência do PSB, a apresentou como "a maior liderança do partido".

Renata fez um breve e emocionado pronunciamento:

> Acho que devem estar pensando. Renata aqui hoje. Eu estava, como estive em tantos momentos ao lado de Dudu [Eduardo Campos], quando ele pediu para marcar essa reunião. Depois da tragédia, Sileno me perguntou "e agora" e eu disse, mantém tudo como estava. Como participei a vida toda de campanhas, não será diferente desta. Pelo contrário, tenho a sensação de que tenho que participar por dois. E aí vim porque sei da vontade dele e da importância que tem esse trio. A gente comentava sempre, depois de todos esses anos, de todo o trabalho sabendo que muita coisa ainda precisa ser feita, outras consolidadas. A gente pensava precisamos consolidar essa vitória. Acho que só depende de

nós. Estou aqui com Duda, João, Pedro, José e Miguel [os cinco filhos] para dizer Paulo, Raul e Fernando [candidatos a governador, vice e senador, respectivamente] contem com a gente. Pode parecer que o nosso maior guerreiro não está na luta, mas os seus sonhos estarão sempre vivos em nós. Fica tranquilo Dudu, teremos a sua coragem para mudar o Brasil. Não desistiremos do Brasil, é aqui que cuidaremos dos nossos filhos.

Para a família Campos – e dentro da velha tradição brasileira – era essencial manter forte presença política em Pernambuco. Paulo Câmara – candidato ao governo de Pernambuco – tinha sido imposto por Campos como o "seu" nome. Dois anos antes, na eleição para a prefeitura de Recife, ele tinha repetido o processo com o desconhecido Geraldo Júlio. Deu certo. Contudo, sem o padrinho político dificilmente a candidatura alçaria voo. Ainda com a presença de Campos, não tinha passado de 13% das intenções de voto contra 47% de Armando Monteiro (PTB, e que era apoiado também pelo PT).

Campos sabia que eram remotas suas chances na corrida presidencial. Porém, pensando no projeto de se lançar novamente em 2018 à Presidência da República, tinha de fincar pé em Pernambuco, controlando a prefeitura da capital e o governo estadual. Desta forma, manteria a base local e através dela aumentaria sua presença na cena política nacional. O súbito falecimento acabou criando um complicador que, até aquele momento, era de difícil solução. Não era possível estimar se o prestígio de Campos ainda poderia transferir votos para Paulo Câmara.

À noite ocorreu a tão aguardada entrevista de Dilma Rousseff ao Jornal Nacional. Diferentemente dos outros candidatos, ela não foi ao estúdio do JN, no Rio de Janeiro. Deu a entrevista na biblioteca do Palácio da Alvorada, portanto, em condições vantajosas em relação aos seus competidores: usou um espaço público, posou como presidente e não como simples candidata e deixou os entrevistadores numa saia justa. Ou seja, uma coisa era receber Dilma, outra muito diferente era ser recebido por ela. Assim, o clima de isenção foi jogado às favas.

Era inevitável perguntar sobre corrupção. Afinal, no governo Dilma foram denunciados diversos casos de corrupção e com envolvimento de vários ministros, alguns, inclusive, foram obrigados a se demitir. A candidata respondeu com certa indignação a pergunta:

> A Polícia Federal, no meu governo e no do presidente Lula, ganhou imensa autonomia. Para investigar, para descobrir, para prender. Além disso, nós tivemos uma relação muito respeitosa com o Ministério Público. Nenhum procurador-geral da República foi chamado, no meu governo ou no do presidente Lula, de engavetador-geral da República.[11] Por quê? Porque também escolhemos, com absoluta isenção, os procuradores. Outra coisa: fomos nós que criamos a Controladoria-Geral da União, que se transformou num órgão forte e também que investigou e descobriu muitos casos. Terceiro, aliás, eu já estou no quarto. Nós criamos a Lei de Acesso à Informação.

Quando questionada sobre as pressões do Partido Republicano (PR) para ter o controle do Ministério dos Transportes, saiu pela tangente:

> Recentemente eu fui muito criticada por ter substituído o César Borges pelo Paulo Sérgio. Ora, o Paulo Sérgio foi meu ministro e foi ministro do presidente Lula. Quando saiu do governo, ele ficou dentro do governo no cargo importante, que é da Empresa de Planejamento Logístico. O César Borges o substituiu. Posteriormente, eu troquei o César Borges novamente aí pelo Paulo Sérgio. Fiz a troca ao contrário. O César Borges também ficou dentro do governo, na Secretaria de Portos. Os dois são pessoas que eu escolhi, nas quais eu confio.

Reconheceu que era legítimo o "dando que se recebe":

> Os partidos podem fazer exigências. Agora, eu só aceito quando eu considero que ambos, e é isso que eu queria concluir, ambos são pessoas íntegras, e não só íntegras, são competentes, têm tradição na área. E são pessoas da minha confiança. Então, eu troquei porque eu tinha confiança nessas pessoas.

---

11. Nesta passagem, a candidata estava se referindo a Geraldo Brindeiro, procurador-geral da República de 1995 a 2003. Foi nomeado para o cargo, por três vezes, pelo presidente Fernando Henrique Cardoso.

Ao ser questionada sobre o Mensalão respondeu como presidente e não como candidata. O ato falho não foi acidental. Afinal, reconheceu que tinha privilégios em relação aos outros entrevistados:

> Eu vou te falar uma coisa, Bonner, eu sou presidente da República. Eu não faço nenhuma observação sobre julgamentos realizados pelo Supremo Tribunal, por um motivo muito simples: sabe por que, Bonner? Porque a Constituição exige que o presidente da República, como exige dos demais chefes de Poder, que nós respeitemos e consideremos a importância da autonomia dos outros órgãos.

Como de hábito, manteve o tom agressivo. Quando foi inquirida sobre a economia – na pesquisa Datafolha, 52% dos entrevistados responderam que achavam que a inflação iria aumentar e 38% consideraram que o desemprego iria crescer, contra 25% que achava o contrário –, respondeu rispidamente:

> William Bonner: Mas o resultado, no momento, é muito ruim, candidata.
> Dilma Rousseff: Não, o resultado no momento, veja bem...
> William Bonner: Inflação alta, indústrias com estoques elevados, ameaça de desemprego ali na frente.
> Dilma Rousseff: Veja bem, Bonner. Eu não sei, eu não sei de onde que estão seus dados.

A candidata interrompeu os entrevistadores, continuou respondendo uma pergunta quando o tema era outro, falou vagarosamente para dificultar novas perguntas por parte dos jornalistas; enfim, usou do "fator campo" e foi claramente favorecida – falou um minuto a mais do que os outros dois entrevistados. Segundo o noticiário teria, após o final da entrevista, conversado durante uma hora com os dois apresentadores do Jornal Nacional – o que, obviamente, não ocorreu com nenhum outro candidato.

CAPÍTULO 5

Recomeçou o jogo

No dia 19 de agosto, terça-feira, teve início o horário eleitoral na televisão e no rádio. Pela primeira vez na história das eleições presidenciais havia duas candidatas com chances reais de vencer a disputa. Diferentemente de 1998, quando Fernando Henrique buscava a reeleição, ou de 2006, quando foi a vez de Lula tentar se reeleger, desta vez o quadro era muito mais complexo. Se Fernando Henrique e Lula eram favoritos, Dilma viveu uma situação distinta: liderava as pesquisas, mas sua reeleição não era considerada uma barbada.

A legislação eleitoral reservou apenas 45 dias para o horário gratuito. A cada dia, Dilma teve direito a 11 minutos e 24 segundos; Aécio, a 4 minutos e 35 segundos; Marina, a 2 minutos e 3 segundos; Pastor Everaldo, a 1 minuto e 10 segundos e os outros sete candidatos somados ficaram com 5 minutos e 48 segundos. Agregando o tempo total dos 45 dias de campanha, Dilma teve direito a 123 minutos; Aécio, a 50 minutos; Marina, a 22 minutos; Pastor Everaldo, a 13 minutos e os outros sete candidatos somados, a 62 minutos. Foi uma campanha muito curta para a importância da escolha do presidente da República e de 27 governadores; para a renovação de um terço do Senado (27 senadores), de toda a Câmara dos Deputados (513 deputados federais) e de todas as assembleias legislativas.

Segundo dados do Datafolha, desde 1998, o candidato que iniciou o período da propaganda televisiva em primeiro lugar sempre venceu a eleição no primeiro ou segundo turnos. Em 1998, Fernando Henrique tinha 42% das intenções de voto e acabou vencendo no primeiro turno. Em 2002, Lula tinha 37% e venceu José Serra no segundo turno. Em 2006 Lula iniciou o horário com 47% das intenções de voto, mas só venceu Geraldo Alckmin no segundo turno. Já Dilma, em 2010, estava com 41% e derrotou José Serra no segundo turno. Mas em 2014 Dilma tinha apenas 36%, o menor índice desde 1998.

Na terça-feira, primeiro dia da propaganda eleitoral, Marina Silva ainda não tinha sido oficializada como candidata. O primeiro programa do PSB fez, como seria de se esperar, uma homenagem a Eduardo Campos. O partido anunciou a escolha de Beto Albuquerque como vice na chapa de Marina. Mas permaneceram muitas arestas que dificilmente poderiam ser resolvidas a curto prazo. Duas estavam em São Paulo e no Paraná. Nos dois estados – e São Paulo era fundamental para o PSB, pois representava 22,4% do eleitorado nacional –, Marina se opôs tenazmente ao apoio aos governadores tucanos candidatos à reeleição. Com o objetivo de minorar o mal-estar, Roberto Rollemberg, líder do PSB no Senado, declarou que "alianças conjuntas só acontecem quando os candidatos se sentem confortáveis. Marina fará campanha com o partido. Não vamos obrigá-la a fazer algo que ela não se sinta à vontade".

O ex-governador de Pernambuco também foi citado nos programas de Aécio e Dilma. Lula teve um papel de destaque no programa do PT. Usou da palavra para chancelar a "sua" candidata. Dirigiu-se aos telespectadores fazendo lembrar Paulo Maluf quando pediu a seus eleitores que votassem em Celso Pitta e, se ele não fosse um bom prefeito, nunca mais votassem nele: "Você que está em dúvida se deve votar outra vez na Dilma, eu lhe peço, vote sem nenhum receio, você não vai se arrepender".

Aécio Neves focou as críticas em Dilma:

O Brasil de hoje é muito melhor do que era décadas atrás. Mas esse país é uma construção de muitas pessoas e vários governos. O fato é que algumas das principais conquistas que nos trouxeram até aqui hoje estão em risco. A inflação está aí de novo, batendo na nossa porta, entrando na nossa casa.

O pastor Everaldo foi o quarto entrevistado do Jornal Nacional. Estava nas pesquisas com apenas 3% das intenções de voto. Teve dificuldade em explicar o apoio aos governos petistas:

> Nós acreditávamos, como milhões de brasileiros, que a proposta colocada era melhor, mas hoje você vê nas últimas pesquisas mais de 70% da população brasileira quer mudança. Então, nós acreditávamos que era o melhor e verificamos logo no início do governo que não era o melhor para o Brasil.

O candidato do PSC buscou encarnar o figurino liberal. Em um país com forte presença estatal no discurso político era saudável que um presidenciável apresentasse propostas liberais. Contudo, quando questionado pelo apoio ao brizolismo e ao petismo, que sempre defenderam uma perspectiva econômica antiliberal, o pastor mostrou enorme fragilidade. Chegou a ser patético:

> No último governo da atual presidente, eu vi que foi estabelecido um aparelhamento do Estado. O Estado se agigantou de tal maneira que realmente contrariava os princípios que eu acredito do empreendedorismo, da iniciativa privada. Então, vamos dizer, está hoje o governo está sufocando, o governo quer tomar conta de tudo. Então, vamos dizer, eu sempre acreditei porque eu venci na vida com mérito, com a meritocracia, com o trabalho.[12]

Na quarta-feira, 20, o governo lançou um pacote de medidas de estímulo à economia. Foi uma tentativa de diminuir o efeito negativo do baixíssimo crescimento do Produto Interno Bruto (PIB). Visou claramente a eleição presidencial. Era casuísmo puro, pois se contrapunha a um conjunto de medidas que tinham sido adotadas anteriormente para conter o

---

12. No dia seguinte o pastor Everaldo foi entrevistado pelo *O Estado de S. Paulo*. Teve um desempenho sofrível. Entre várias pérolas disse: "Sou favorável a que qualquer pessoa que cometa um crime cumpra a pena, independentemente da idade".

consumo e segurar a inflação. Desta vez, o Ministério da Fazenda liberou R$ 25 bilhões para serem utilizados em financiamentos pelos bancos para a compra de veículos e de imóveis – houve uma queda acentuada nas vendas dos dois setores.

A economia não ia nada bem. E 2014 não foi um caso isolado. Relatório da Comissão Econômica para a América Latina e Caribe (Cepal) comparando as taxas anuais de variação do PIB, quando restrita somente aos países latino-americanos, apontou que entre 20 países, o Brasil só superou a média de um: El Salvador. Se a economia estava próxima à estagnação – uma marca da presidência Dilma –, outra permanência era o uso aberto dos fundos de pensão de empresas e bancos estatais como correias de transmissão dos interesses nada republicanos do petismo. O fundo Postalis, dos funcionários dos Correios, apresentou um rombo entre 2013 e 2014 de R$ 2,2 bilhões. Teria efetuado diversas operações consideradas suspeitas. Membros da diretoria do Postalis sem vínculos com o PT ou o PMDB pediram a exoneração de diretores do fundo ligados a esses partidos.

O horário político na televisão começou com uma péssima audiência. Segundo dados do Ibope, houve queda no número de aparelhos ligados, bem como uma migração para os canais pagos que duplicou a audiência da televisão a cabo. Em relação a 2010, a queda de audiência na primeira semana chegou a 32%. O velho formato das propagandas – tanto aquelas voltadas para o Legislativo, sempre com "candidatos-celebridade" considerados puxadores de votos, mas sem nenhuma consistência política, como para os Executivos estaduais e da União – não foi mais suportado pelos telespectadores.

Marina foi oficializada como candidata do PSB. Foi reservada a Beto Albuquerque a tarefa de honrar os compromissos de Campos nos estados onde Marina se recusou a fazer campanha. Era uma contradição com o que ela tinha afirmado publicamente durante o encontro:

> Chego ao PSB com sentido de responsabilidade, com o compromisso nesses dez meses de intenso trabalho e de esforço político para mudar o Brasil ao lado de Eduardo Campos. E com a disposição de honrar esse compromisso e levá-lo adiante com todos esses que estavam ao lado de Eduardo.

As palavras de Marina não correspondiam aos fatos. Na primeira reunião partidária após sua nomeação para a cabeça de chapa, ela bateu de frente com o coordenador-geral da campanha de Campos, o pernambucano Carlos Siqueira. Exigindo fazer valer sua vontade, Marina impôs na coordenação financeira e no comando da campanha homens de sua confiança, Bazileu Margarido e Walter Feldman, respectivamente. Encontrou forte resistência por parte dos quadros dirigentes históricos do PSB, que julgaram uma intromissão da ex-senadora nos destinos de um partido que não era o dela.

Carlos Siqueira, o primeiro a se revoltar e se retirar da campanha, saiu atirando: "Quando se está em uma instituição que é hospedeira, ela não pode mandar nessa instituição. Marina que vá mandar na Rede dela. No PSB manda o PSB". Continuou: "Você está me afastando? Você não tem noção de que fui eu que segurei esse acordo entre o PSB e a Rede. As divergências são imensas e você pensa que elas não existem". E finalizou: "Não participo de nada que tenha a senhora Marina Silva. Ela não é do PSB. Ela não perguntou ao partido e não agiu de acordo com um partido que está oferecendo a ela as condições que nós oferecemos".[13]

Marina tentou consertar afirmando que tinha ocorrido um mal entendido. Mas de nada adiantou. Para a coordenação geral foi indicada a deputada Luiza Erundina e Feldman ficou como adjunto; para o comitê financeiro foi designado o deputado Márcio França, da direção nacional do PSB e, por estranho que pareça, candidato a vice-governador na chapa do tucano Geraldo Alckmin.

A ex-senadora buscou habilmente garantir um espaço positivo na imprensa – ao menos dividi-lo com as críticas dos dirigentes do PSB. Falou em autonomia para o Banco Central e que governaria com a sociedade e não com os partidos políticos. Insistiu que era contrária à velha política, presença constante nas suas falas até o momento em que a Rede não obteve o registro legal, em setembro do ano passado. Dava a impressão de que tinha acabado de iniciar sua carreira política, apesar de ter sido eleita vereadora em 1988, dois anos depois deputada estadual e, em 1994, senadora pelo Acre. Cumpriu os oito anos do primeiro mandato

---

13. Saíram também da campanha Milton Coelho, coordenador de mobilização, e Henrique Costa, que chefiava o comitê financeiro.

no Senado e foi reeleita em 2002. Licenciou-se para ser ministra do Meio Ambiente entre 2003 e 2008. Voltou ao Senado, onde permaneceu até fevereiro de 2011; no meio tempo foi candidata à Presidência da República em 2010. E de 2011 até 2013 percorreu o país como quadro profissional da Rede Sustentabilidade. Portanto, Marina teve participação ativa na "velha política", isso só para ficar no período entre 1988 e 2011, exatos 23 anos.

Dilma continuou usando à exaustão a figura de Lula. Na televisão, o ex-presidente atacou os meios de comunicação:

> Eu tenho certeza que você já está surpreso com tanta coisa que a Dilma fez e você não sabia. Garanto que você vai ficar ainda mais. Esta campanha vai servir exatamente para isso, para você ver como certa imprensa gosta mais de fazer política do que informar bem, como só consegue falar mal e é capaz de esconder obras fundamentais que estão transformando o Brasil.

A presidente criticou a gestão tucana da Petrobras. "Eu me pergunto por que ninguém investigou com tanto denodo o afundamento da maior plataforma de petróleo, que custava US$ 1,5 bilhão a preços atuais. Por que, apesar de estar em ação popular, ninguém investiga a troca de ativos feita com a Repsol?" E nenhuma palavra contra Marina.

Aécio Neves estava passando um momento difícil da campanha. Aparentava ser aquele mais afetado pela entrada de Marina na corrida presidencial. Os tucanos especulavam sobre a possibilidade de obter apoio dos aliados de Campos que estavam insatisfeitos com Marina. Era um campo fértil no Sul, Centro-Oeste e no Nordeste. Mas o clima de temor de uma nova pesquisa com Aécio em terceiro – e mais distante de Marina – rondava como um fantasma a campanha tucana.

O PT ainda agia moderadamente. Não considerava a hora adequada para espalhar seus dossiês e calúnias. Era melhor aguardar a definição do quadro e dos efeitos da entrada de Marina no jogo. Mas, mesmo assim, mostrou suas garras. A Polícia Federal intimou José Serra, que liderava a disputa pelo Senado em São Paulo, para depor sobre um suposto cartel metroviário que teria operado em São Paulo entre 1998 e 2008 – Serra foi governador de 2007 a 2010. O Ministério Público estadual já tinha estudado o caso e não encontrou nenhuma irregularidade. Mesmo assim, a PF, com claro objetivo político, insistiu na intimidação do ex-governador, buscando favorecer Eduardo Suplicy, adversário de Serra em segundo lugar nas pesquisas.

A campanha eleitoral acabou escondendo a permanência dos péssimos indicadores da economia nacional. Foram divulgados os dados sobre a criação de postos de trabalho em julho. Foi o pior resultado desde 1999. Segundo o presidente da Confederação Nacional da Indústria (CNI), Robson Andrade, "estamos vivendo um dos piores momentos da história da indústria brasileira. Sou empresário há 37 anos, não me lembro de ter passado período tão difícil como o deste ano e do ano passado". Não era nenhum exagero. A Federação das Indústrias do Estado de São Paulo (Fiesp) previu que a participação da indústria no PIB cairia para 12%; em 1992, representava 25%.

O foco ainda ficou concentrado durante dias em Marina e seu exotismo a todo momento recordado pela imprensa. Um bom exemplo foi a descrição inicial da reportagem que mereceu a capa da revista *Veja*:

> A cena impressiona todos os que já a presenciaram. Sempre que Marina Silva é esperada em algum lugar, a sua chegada faz-se um silêncio reverente. Interrompem-se as conversas, suspendem-se as movimentações e ninguém sai correndo para falar com ela – até que, sentada, mãos cruzadas sobre o colo, tome a iniciativa de dizer a primeira palavra. O semblante severo e o olhar beatífico inspiram esse distanciamento meio fora de lugar em um mundo onde até o Papa dispensa rapapés e se mistura alegremente às multidões. Mas esse é o estilo Marina, reafirmado por sua figura frágil de 50 quilos e 1,65 metro de altura.

Continuava como a novidade da campanha. Mantinha o seu discurso de negar a política, os partidos políticos e o Congresso Nacional:

> Me comprometo a governar o Brasil. Não devemos tratar o presidente como propriedade de um partido. A sociedade está dizendo que quer se apropriar da política e as lideranças políticas têm que entender que o Estado não é um partido e que o governo não é o Estado.

Afirmou ainda comprometer-se pelo fim da reeleição: "O meu mandato será um mandato de apenas quatro anos".

O espaço dedicado a Dilma e Aécio diminuiu sensivelmente desde o trágico acidente de Santos, a 13 de agosto. A pergunta que permanecia no ar era até quando Marina se manteria fora do tiroteio eleitoral. Sua estratégia era de evitar ser alvo e, quando atingida, responder de forma olímpica. Mas o clima de respeito e comoção produzido pela morte de Eduardo Campos estava se esgotando.

No dia 22 de agosto, uma sexta-feira, caiu como uma bomba a notícia de que o ex-diretor da Petrobras, Paulo Roberto Costa, teria decidido fazer delação premiada. Ele era um dos réus da Operação Lava Jato da Polícia Federal, que investigou a relação de doleiros, a lavagem de dinheiro e atos de suposta corrupção governamental, que envolveriam também a Petrobras. Costa foi durante muitos anos diretor de abastecimento da Petrobras e várias vezes substituiu José Sérgio Gabrielli, presidente da empresa, durante suas viagens – fato que se deu em 24 ocasiões. Havia o temor de que as revelações de Costa criassem constrangimentos para a campanha de Dilma Rousseff.

No domingo, Marina permaneceu como a principal estrela da eleição. Foi capa das revistas semanais e os jornais cederam a ela amplo espaço. Mas, como seria de se esperar, começaram a deslocar a cobertura para o que interessava: o mundo da política. O programa de governo do PSB – ainda considerado não definitivo – incluía temas polêmicos e muito próximos dos defendidos pelo PT. Falava que era "necessário criar mecanismos de participação popular que revigorem a democracia representativa, aumentando sua legitimidade". Deveria "fortalecer os canais de participação já existentes, como plebiscitos, consultas populares e a iniciativa popular de leis, além de conselhos sociais ou de gestão política de orçamento".

Como seria de se esperar, a candidata do PSB começou a receber críticas tanto de Dilma como de Aécio. Marina criticou o figurino de gerente usado por Dilma desde quando era ministra de Lula:

> O Brasil tem essa história. É preciso ter um gerente. Mas a gerente tem que ter argumento. O Brasil pode até precisar de um gerente, mas pre-

cisa mesmo é de quem tem visão estratégica. O gerente tem que ter argumento para conversar. O ex-presidente Itamar não era gerente, mas tinha visão estratégica. Fernando Henrique era um acadêmico e também tinha visão estratégica. Lula era um operário e também tinha. Quando se tem visão estratégica, se sabe escolher os melhores gerentes.

Com seu estilo peculiar de fala, Dilma deu o troco em uma entrevista dada no Palácio da Alvorada, um prédio da União que tinha se transformado em uma das sedes do comitê eleitoral do PT:

> Essa história de que não precisa ter um cuidado na execução de suas obras é uma temeridade [...] É quem nunca teve experiência administrativa e portanto não sabe que é fundamental, num país com a complexidade do Brasil, dar conta de tudo. O chefe do Poder Executivo tem obrigações claras pela Constituição, não é questão de ser gerente ou não. Isso é uma visão tecnocrática do problema, um presidente é executor.

Segundo ela, "para um presidente da República é intrínseco se preocupar com a gestão, porque se não se preocupar com a gestão, esse presidente da República está querendo ser rei ou rainha da Inglaterra".

O protagonismo dos membros da Rede na campanha do PSB, dez dias após a morte de Campos, era total. Neca Setúbal, herdeira do Banco Itaú, deu declarações garantindo que a autonomia do Banco Central era uma prioridade. A banqueira, em longa entrevista à *Folha de S. Paulo*, não perdeu a oportunidade de usar o linguajado já apelidado de "marinês":

> O século 21 é o século do novo. Está nos colocando o desafio de construir uma nova sociedade. A construção de uma nova sociedade é um olhar muito mais feminino. A mulher é que dá à luz. Esse olhar feminino tem que ser diferente, não é o mesmo olhar do masculino. Tem que saber equilibrar o masculino e o feminino. Todos nós temos o masculino e o feminino. É uma visão e uma ação. Não é só o olhar, mas é uma atuação. Você tem que saber ouvir, saber acolher, saber ser criativo, saber lidar com os diferentes, e com o inusitado.

O economista Eduardo Gianetti da Fonseca, principal ideólogo da Rede, foi instado a esclarecer como seria um governo Marina. Desenhou um cenário de platitudes até com relação aos opositores do PT e PSDB, à importância das diferenças e dos embates na política:

> Ela quer construir uma nova governabilidade, que não é baseada na barganha de pedaços do governo para obter apoio no Congresso. Eduardo Campos tinha dito, e Marina está alinhada com isso, que, no seu governo, Sarney, Renan e Collor iriam para a oposição. E com quem se governa e se negocia? Com Lula e Fernando Henrique. Temos todo o interesse em ter os dois como aliados de projetos que interessem ao país. FHC tem compromisso com a estabilidade econômica, nós também. Lula tem compromisso com a inclusão social, nós também. Vamos trabalhar juntos. Acho possível. Se a democracia brasileira tem razão de ser, é para que isso possa acontecer.

Mas o que deixou Marina em situação difícil foi ter de explicar os questionamentos sobre a propriedade e uso do avião que transportava Eduardo Campos quando do acidente em Santos. O avião Cessna teria sido comprado por um usineiro pernambucano amigo de Campos. O problema é que ele teria indicado empresas para assumir uma dívida de US$ 7 milhões junto à Cessna e que foram recusadas pela fabricante. O vendedor do avião teria recebido uma entrada de R$ 2,5 milhões, mas não tinha identificado o autor da transferência bancária – outra versão apresentada é a de que o pagamento teria sido feito em dinheiro.

A situação ficou mais confusa, pois a empresa proprietária do jato não registrou a doação do uso do avião, nem o PSB anotou na contabilidade da campanha. Havia suspeita de caixa dois, o que deixaria o partido em situação difícil junto à Justiça Eleitoral. Marina tentou dar justificativas em seu estilo muito particular: "Queremos que sejam dadas as explicações de acordo com a materialidade dos fatos, e, para termos a materialidade dos fatos, é preciso que haja tempo necessário para que essas explicações tenham as devidas bases legais".

Em meio a este tiroteio, Aécio perdeu espaço na mídia. Marina estava a quase duas semanas recebendo ampla cobertura. Mesmo quando questionado sobre o programa do PSB, sobre o uso do jatinho, era ela que aparecia na televisão e nos jornais, sempre com amplo destaque. Era evidente que havia uma onda favorável a ela, tendência que deveria se refletir na pesquisa Ibope a ser divulgada na noite de 26 de agosto, quando também seria realizado o primeiro debate entre os presidenciáveis, a ser transmitido pela Rede Bandeirantes de Televisão.

O tucano viajou ao Nordeste, onde apresentava os piores resultados nas pesquisas de intenções de voto, a fim de apresentar suas propostas para a região, enfatizando a manutenção e ampliação do programa Bolsa Família, a conclusão da transposição do rio São Francisco e o aumento de gastos com educação. Aécio estava numa situação difícil. A estratégia de apresentá-lo como o novo, a oposição confiável para a mudança, acabou atropelada pelo surgimento da nova candidata do PSB.

Se Dilma e Marina estavam aguardando os resultados das novas pesquisas eleitorais, Aécio era o que permanecia mais temeroso. Tudo indica que estaria em terceiro lugar e com Marina mais próxima de Dilma. Daí ter dito – já como uma antevisão do resultado – que "a política e as pesquisas são como o mar, as ondas". "Nossa candidatura continua a representar o mesmo que representava antes do acidente [de Campos]. Ninguém tem os quadros que temos no nosso entorno", afirmou ele.

A falta de combatividade da oposição durante todo o governo Dilma estava cobrando seu preço. Em 2010, apesar de todos os percalços da campanha, Serra obteve 44% dos votos no segundo turno, um excelente resultado frente à paralisia da oposição no segundo governo Lula. Mas os oposicionistas não aprenderam a lição. Voltaram a ser omissos. Só davam alguns sinais de vida quando surgia alguma denúncia divulgada pela imprensa. Mas, em momento algum, a oposição criou um fato político. E, ao contrário do último quadriênio Lula, a presidência Dilma obteve pífios resultados econômicos. O pessimismo e o desejo de mudança tomaram conta do país. Mesmo assim, a oposição só despertou para fazer política às vésperas do início do calendário eleitoral.

A divulgação da pesquisa Ibope no início da noite de 26 de agosto deu o tom de como seria a nova fase da campanha. Dilma tinha perdido quatro pontos. Mantinha a liderança com 34%. Marina Silva obteve

29% – isto quando Campos, na pesquisa de 8 de agosto, recebera 9% das intenções de voto – e Aécio também perdeu quatro pontos, atingindo 19%. O número de votos em branco e nulos tinha caído de 13 para 7% e os que não souberam responder, de 11 para 8%. Era evidente que Marina recebera parte destas intenções de voto, além de ter "roubado" votos de Aécio e Dilma.

Mas a surpresa maior era o cenário do segundo turno. Marina venceria Dilma por 45 a 36%, uma considerável vantagem de 9 pontos. No cenário de uma eventual disputa entre Dilma e Aécio, a presidente venceria por 41 a 35% – na pesquisa anterior a diferença a favor de Dilma era de seis pontos. Quando perguntado sobre o desejo de mudança, 71% responderam serem favoráveis, ante 68% do levantamento anterior. Para 41% a educação pública piorou – 24% acharam o contrário. A saúde teve a pior avaliação: 61% acharam que estava pior – contra apenas 16% que viam melhora. O melhor resultado foi sobre o poder de compra: para 43% melhorou e 31% opinaram contrariamente. Na avaliação geral do governo, o quesito regular venceu: 36%. Já 34% acharam que o governo era ótimo e bom e 27% ruim e péssimo.

Até aquele momento, o registro de quem representava a mudança, o novo, parecia claro: era Marina Silva. O novo mesmo porque tinha acabado de entrar na campanha. O novo também porque aparecia para o eleitor como a menos identificada com uma ordem política considerada arcaica. Não se sabia se a identificação de Marina com o desejo de mudança manifestado pelo eleitorado iria durar. Também era uma incógnita saber como ela reagiria frente ao bombardeio que receberia dos seus opositores, especialmente do PT. Para estes, a possibilidade de derrota no segundo turno não era mais uma simples hipótese: era real.

As notícias para Dilma continuaram ruins. Agora foram aquelas vindas da economia. A taxa de juros para empréstimos às pessoas físicas era a mais alta desde 2011. Chegou a 101% ao ano. Segundo o Banco Central, a inadimplência crescera de 6,5 para 6,6% e o endividamento das famílias atingiu 63,2%. As concessões de novos empréstimos caíram 4%. Para complicar ainda mais a vida do governo, aumentaram os boatos de que Paulo Roberto Costa, que estava ainda negociando a delação premiada com o Ministério Público Federal, iria denunciar supostas mazelas cometidas por Nestor Cerveró, ex-diretor da área internacional da Petrobras, na compra da refinaria de Pasadena.

Às 22 horas teve início o debate na Rede Bandeirantes de Televisão. Como seria de se esperar, o confronto se deu entre os três principais candidatos – como meros coadjuvantes, participaram também Eduardo Jorge, Luciana Genro, Levy Fidelix e Pastor Everaldo. Dilma atacou Aécio, ignorando os resultados da pesquisa Ibope, como se, naquele momento, fosse ele o principal adversário. Aécio buscou polemizar mais com Marina do que com Dilma. Buscou associar Marina com o PT, recordando o passado da candidata. Já Marina fez de tudo para assumir o figurino de terceira via, pairando acima das diferenças entre PT e PSDB.

O debate acabou sendo morno. O formato imposto pela legislação eleitoral mais uma vez engessou a discussão. Seria até aceitável se, além dos três principais candidatos, estive presente o Pastor Everaldo, que pontuava nas pesquisas com 1 a 3%. Mas as presenças dos outros três representantes de partidos nanicos impedia que o debate tivesse a dinâmica adequada. Além do que, as perguntas dos jornalistas raramente foram respondidas pelos presidenciáveis. Não houve direito de réplica, cada resposta era construída pelo candidato ao seu bel-prazer, descaracterizando o próprio significado de um encontro daquele tipo. O treinamento realizado pelos marqueteiros pasteurizou os principais candidatos. Mas o que faltou mesmo foi ideologia. O vazio no campo das ideias foi o maior personagem do encontro. Ficou no ar o desejo de que o debate seguinte fosse, pelo menos, um debate de fato.

CAPÍTULO 6

Delenda est Marina[14]

No novo desenho eleitoral, estava claro que Marina tinha conseguido simbolizar e capitalizar o desejo de mudança manifestado pelos eleitores. Além disso, obteve naquele instante a simpatia de um eleitorado cativo do PSDB, como o de São Paulo, que tinha verdadeira ojeriza ao PT e não estava acreditando nas chances eleitorais de Aécio – o que não era pouco. Em São Paulo, Marina, segundo o Ibope, estava com 35% das intenções de voto – Campos tinha apenas 6% na pesquisa anterior –, enquanto Dilma obteve 23% e Aécio amargava o terceiro lugar com apenas 19%. Na mesma pesquisa, Geraldo Alckmin, candidato tucano ao governo do estado, estava com 50%.

Até em Minas Gerais a situação de Aécio era desconfortável. Mantinha a liderança, mas tinha caído de 41 para 34%; Dilma manteve seus 31% e Marina alcançou 20% – na última pesquisa, Campos estava com 5%. O comando da campanha de Aécio não conseguiu explicar o mau resultado no estado que governou por oito anos e onde, em 2010, elegeu seu sucessor, Antonio Anastásia (PSDB). Este concorria ao Senado e liderava com 45% – seu adversário mais próximo, Josué Alencar (PMDB),

---

14. *Delenda est Cartago* era a forma como o senador romano Catão, no século II a.C., costumeiramente encerrava seus discursos durante as Guerras Púnicas, o conflito entre a República romana e a cidade de Cartago, no norte da África.

estava com 10%. O problema era a candidatura de Pimenta da Veiga ao governo estadual: não decolava. Fernando Pimentel tinha disparado na frente com 37%, enquanto Pimenta, naquele instante, não passava dos 23% das intenções de voto.

No Rio de Janeiro, Dilma cresceu três pontos, chegando a 38%. Marina estava em segundo com 30% – na pesquisa anterior, Campos obteve 5% –, e Aécio tinha não só caído para o terceiro lugar como também perdido quatro pontos, alcançando apenas 11% das intenções de voto. Todo esforço de buscar uma aliança com uma fração do PMDB fluminense estava indo por água abaixo. A petista se equilibrava entre os quatro candidatos com chances de chegar ao governo estadual, todos da base governamental federal, caso único na eleição: Pezão (PMDB), Garotinho (PR), Crivella (PRB) e Lindenberg (PT). Sem ter relação mais orgânica com nenhuma das candidaturas, Marina atropelou por fora e ameaçava a liderança de Dilma.

No quarto maior colégio eleitoral, a Bahia, o tradicional aliado do PSDB Paulo Souto (DEM) liderava com folga a corrida para o governo do estado: tinha 44% das intenções de voto contra apenas 15% de Rui Costa, candidato apoiado pelo governador Jaques Wagner (PT). Apesar disso, na campanha presidencial, Dilma vencia com 47% das intenções de voto. Na pesquisa anterior, ela estava com 48%. Marina saltou para o segundo lugar com 23% – Campos tinha estacionado nos 8% –, e Aécio perdeu cinco pontos, obtendo apenas 10% das intenções de voto.

Ainda no mês de agosto, no dia 27, Marina foi entrevistada pelo Jornal Nacional. Teve de responder a perguntas incômodas. Não soube explicar convincentemente como o PSB pagou o avião Cessna usado na campanha e que caiu em Santos. Ficou irritada com a pergunta sobre ter ficado em terceiro lugar no Acre na eleição presidencial de 2010. Argumentou que ninguém é profeta na sua própria terra. Mas Marina fechou a cara quando questionada por Bonner sobre a sua coerência política:

> William Bonner: Mas eu lhe pergunto. Veja se eu entendi: quando a união de opostos se dá com a senhora e alguém, então isso é uma união em prol do Brasil, é a superação de divergências. Quando essa união de opostos se dá com adversários seus, aí é o modelo da velha política, é uma conveniência eleitoral.

Marina Silva: Mais uma vez, William, eu quero dizer que você está trabalhando apenas com um lado da moeda.
William Bonner: Por quê?
Marina Silva: Você está trabalhando com o lado das diferenças que eu e Beto temos no episódio das células-tronco, que ele defende...
William Bonner: Não, não. Estou confrontando apenas com posições que a senhora tem assumido sobre a nova política em oposição à velha política. E não está clara para mim a diferença quando a gente vê dois candidatos de posições opostas unidos numa chapa. Era só essa a questão.
Marina Silva: Não está claro pra você, mas eu vou deixar claro para o telespectador. Mais uma vez eu insisto: você está apenas com um lado da moeda. Por exemplo, eu e Beto temos uma visão diferente em relação às células-tronco e em relação a transgênico. Mas tivemos um trabalho juntos, no Congresso Nacional, quando ele foi o relator da Lei de Gestão de Florestas Públicas do Ministério do Meio Ambiente, que criou o Serviço Florestal e que me ajudou a aprovar a Lei da Mata Atlântica e tantas outras medidas importantes para o Ministério do Meio Ambiente. A vida não tem essa simplificação que muitas vezes a gente acha. Isso não tem nada a ver com velha política. Eu marquei a minha trajetória de vida trabalhando com os diferentes, na diversidade.

O PT enfrentava dificuldades para reorientar sua estratégia. Tinha, frente à nova situação, de mirar em Marina Silva como alvo prioritário. Mas não sabia com quais armas. Dilma atacou o discurso da candidata do PSB de que governaria com os bons, independentemente da origem partidária: "Acho que essa distinção entre bons e maus é uma distinção muito complicada e simplista. Para mim, os bons neste país são aqueles que têm compromisso com distribuição de renda e inclusão social". Já com Lula o foco sobre o mesmo assunto foi outro: "É impossível governar fora da política, pois quem for eleito presidente da República tem que conversar com o Congresso Nacional. Não está na hora de negar a política".

Aécio insistiu em manter agenda de campanha em São Paulo, tentando reverter a tendência pró-Marina e associando sua candidatura à de Alckmin. O governador manifestou, em ato público, a necessidade de enfrentar o momento difícil: "Política é esperança. Nós estamos aqui para melhorar, para trabalhar. E o nome da esperança é Aécio Neves presidente do Brasil". Porém, o problema não parecia ser de esperança, mas de estratégia de campanha. Também os tucanos foram surpreendidos. Imaginavam que o enfrentamento seria com Dilma e consideravam o PSB um potencial aliado no segundo turno. Mas quem estava excluído da polarização, até aquele momento, eram os tucanos.

A divulgação da queda do PIB no segundo trimestre com retração de 0,6% foi uma péssima notícia para Dilma. Mesmo assim, a presidente tentou justificar: "Eu acredito que este resultado é momentâneo. Um dos motivos que explicam esse resultado é o número de feriados que nós tivemos. Por conta da Copa, tivemos a maior quantidade de feriados em toda a história do Brasil nos últimos anos". Foi uma oportunidade para Aécio aprofundar as críticas ao governo buscando o protagonismo no campo oposicionista: "É triste, ao final do governo, o ministro da Fazenda [Guido Mantega] entregar esse quadro extremamente perverso para os brasileiros, de recessão econômica e de inflação fora de controle".

Marina ia surfando na onda. Ignorava os adversários e falava o que fosse desejável à sua candidatura. Respondeu indiretamente a Aécio, que criticara o perigo de o país ser governado por amadores: "Muita gente diz que não podemos ser governados por amadores do sonho. Ou apostam no sonho, ou vamos continuar nas mãos dos profissionais, dos que fazem escolhas incorretas". A declaração foi dada quando a candidata visitou uma feira de tecnologia sucroenergética em Sertãozinho, interior de São Paulo. Aproveitou para elogiar o setor e alfinetar Lula. Também não perdeu a oportunidade para reescrever seu passado de crítica da expansão da produção de etanol dizendo-se uma defensora dos combustíveis renováveis.

A divulgação de uma nova pesquisa Datafolha na noite de sexta-feira, 29 de agosto, reforçou ainda mais a onda Marina. No primeiro turno ela estava empatada com Dilma com 34% e Aécio caía de 20 para 15%. Já para o segundo turno tinha uma vantagem considerável de dez pontos: vencia Dilma por 50 a 40%. A rejeição da presidente permanecia alta: 35%. Aécio tinha 22% e Marina, apenas 12%. A baixa rejeição era um sinal de que poderia crescer ainda mais.

Na distribuição das intenções de voto por região, Dilma obtinha duas vantagens confortáveis: no Norte, recebeu 46 contra 30% de Marina. Já no Nordeste, vencia por 47 contra 31% de Marina – nesta região, Aécio tinha o pior resultado: 8%. No Sul, as duas candidatas estavam empatadas (32%); no Centro-Oeste, Marina liderava com 39% – Dilma marcava 29% –, mas era no Sudeste onde ia melhor, justamente na região mais populosa do país: vencia Dilma (26%) com 35% das intenções de voto.

Por conta de sua formação e sua prática religiosas, Marina vencia entre os evangélicos e pentecostais e Dilma tinha melhor resultado entre os católicos. A candidata do PSB liderava entre os eleitores mais jovens, que tinham ensino superior e renda superior a 5 salários mínimos. A petista ia bem entre os mais velhos, os que tinham renda de até dois salários mínimos e que viviam nos municípios com até 50 mil habitantes. Em outras palavras, Dilma estava sendo empurrada para os grotões e o eleitorado de baixa escolaridade e renda, normalmente com menor informação e interesse pela política.

A pesquisa Datafolha demonstrou que na avaliação do governo pelos eleitores, liderava o quesito regular: 39 contra 35% de ótimo e bom e 26% de ruim e péssimo. Era evidente que os que avaliavam positivamente o governo eram aqueles que escolhiam Dilma como sua candidata. Mas um indicador deixava claro que a situação da presidente era ainda mais desconfortável: 79% dos entrevistados tinham a expectativa de que as ações do próximo presidente deveriam ser diferentes, ou seja, apontavam para a necessidade da mudança – índice que vinha crescendo desde a pesquisa de fevereiro (67%) e da realizada nos dias 14 e 15 de agosto, logo após o trágico acidente em Santos (76%).

Até aquele momento – a última semana de agosto –, nada tinha abalado Marina. A última quinzena do mês – desde o dia 13 – acabou transformando a candidata do PSB no maior fenômeno da história das eleições presidenciais brasileiras. A reviravolta não encontrava qualquer paralelo na história republicana nacional. E desafiava os intérpretes do processo eleitoral.

A nebulosa história do avião utilizado na campanha por Campos e Marina continuava sem esclarecimento. O PSB anunciou que registraria o Cessna como "doação de pessoa física". A história continuava mal contada, pois os três empresários teriam efetuado a compra do avião por meio de 16 depósitos bancários em nome de seis empresas diferentes, algumas de solidez duvidosa, como uma pequena peixaria ou uma construtora cuja sede era uma sala vazia. O procurador-geral eleitoral Rodrigo Janot abriu investigação para apurar as supostas irregularidades.

A divulgação do programa de governo de Marina – o Brasil é um país fantástico: plano de governo é publicizado somente às vésperas da eleição – serviu para sensibilizar a elite econômica com propostas consideradas conservadoras. Falou em independência do Banco Central, com mandato fixo para o presidente; combate à inflação, recolocando o índice no centro da meta (4,5%); equilíbrio de contas públicas, buscando o superavit primário; manutenção do câmbio flutuante; e em reforma tributária, sem especificar a proposta. Mas a maior parte do eleitorado não tinha noção do significado destas questões, excetuando, claro, o combate à inflação.

O ponto de interrogação era se o compromisso da candidata com "propostas em defesa do casamento civil igualitário" e o "combate à homofobia e ao preconceito no Plano Nacional de Educação, desenvolvendo material didático destinado a conscientizar sobre a diversidade de orientação sexual e as novas formas de família" teriam rejeição por parte principalmente do eleitorado evangélico que a apoiava. No mesmo dia da divulgação do programa, Marina foi obrigada a recuar: "Não foi uma revisão. Na parte referente às lésbicas, gays, bissexuais e travestis (LGBT), o texto que foi para redação foi a parte apresentada pelos movimentos sociais", justificou. A coordenação da campanha deu outra versão: teria ocorrido uma "falha processual na editoração" que não retratava "com fidelidade os resultados do processo de discussão sobre o tema". Em vez de "casamento igualitário", a "revisão" alterou o texto para "garantir os direitos oriundos da união civil entre pessoas do mesmos sexo".

Em um aceno à esquerda, o programa de Marina defendia a convocação de plebiscitos e referendos, falava em permitir candidaturas avulsas para o Legislativo e em "combater a repressão e a criminalização de movimentos sociais e populares". Propunha unificar as eleições em um mesmo ano – mas não explicava como – e o fim da reeleição para o Executivo, estendendo os mandatos para cinco anos. Defendia aumentar a participação da sociedade civil nos "conselhos e instâncias de controle social do Estado". Eram temas polêmicos; alguns deles levariam a reformar a Constituição, o que não seria tarefa nada fácil. Também havia forte resistência "às instâncias de controle social do Estado", que foram inicialmente propostas pelo governo petista.

A situação econômica ainda não tinha se transformado em tema eleitoral. E as notícias eram muito ruins. Além da redução do PIB em 0,6% no segundo trimestre, o investimento – fundamental para a expansão econômica – registrou crescimento negativo de 5,3%. Pelo terceiro mês consecutivo (maio, junho e julho) as contas públicas fecharam com déficit. A dívida líquida do setor público saltou para 35% do PIB. Dilma mais uma vez jogou a culpa nos feriados.

A comparação dos resultados da economia brasileira no segundo trimestre com o do ano anterior apresentou uma variação negativa de 0,9%. A China, para o mesmo período, cresceu 7,5%: a Índia, 5,7%; a Rússia, 0,8%. Entre os Brics, o único que estava em recessão era o Brasil. As exportações tinham aumentado 2,8% e as importações caíram 2,1%. Era um claro sinal de que o problema central da economia brasileira era interno, produto da má gestão petista.

Dilma e Aécio não conseguiam achar o tom e o foco das críticas. Ambos ainda evitavam um ataque direto a Marina. Dilma respondeu indiretamente à candidata do PSB: "Em uma democracia, quem não governa com partidos está flertando com o autoritarismo". Aécio foi pelo mesmo caminho: "Quem acha que de forma solitária, ou messiânica, pode apresentar o caminho, caminhando sobre as águas, e levar todos a um futuro melhor, se frustrará".

Outra novidade apresentada pela candidatura Marina foi a forte presença da religiosidade na sua vida e na ação política. Não havia nenhum precedente na história das eleições presidenciais de uma candidata com chances de vitória ter na religião não só um instrumento de apoio espiritual, como um guia para a ação política. E aí morava um problema. Seu vice – Beto Albuquerque – declarou que a chapa não podia "fazer um governo desta ou daquela religião", mas sim "um governo para os brasileiros". Segundo ele, "nem a política deve mandar na religião nem a religião deve mandar na política".

Era para Marina que as críticas eram dirigidas. Não se sabia se teria algum efeito no eleitorado laico e naqueles que professavam outras religiões. Entre os evangélicos – e as pesquisas eram claras –, a forte relação dela com a religião era considerada uma qualidade e não um defeito. Pertencia à igreja Assembleia de Deus (Novo Dia) em Brasília. Uma amiga da igreja relatou que: "ela, para tomar uma decisão, santo Deus, demora, porque, além de consultar a terra, ela tem que consultar o céu. Tem de ouvir todo mundo, aí amadurece". Segundo Hadman Daniel, pastor da sua igreja, Marina recorria a ele em momentos difíceis como na ocasião de um incêndio que atingiu a Amazônia durante sua gestão à frente do ministério do Meio Ambiente: "Nós oramos. Choveu no mesmo dia, em um tempo que não era de chuva".

Quando autorizou um livro sobre a sua vida, Marina precisou:

> Ouvir a opinião de outra pessoa. Uma voz que costuma consultar nas mais variadas ocasiões. A senadora queria saber o que Deus pensava a respeito do projeto. [...] Levantou-se do sofá e foi buscar uma Bíblia. Abriu-a [...] e encontrou o salmo número nove. [...] Perguntei à senadora se ela, ao ler aquele texto, entendia tratar-se de um recado pessoal de Deus para ela. [...] Era respondeu afirmativamente. [...] Também entendeu o salmo como confirmação divina ao projeto do livro.[15]

A sensível questão do Cessna – quem eram seus proprietários e de que forma seu uso foi cedido ao PSB – continuava não esclarecida, mas o tema parecia não afetar a campanha de Marina. Já sobre um possível apoio ao seu governo no Congresso, o PMDB, de modo oportunista, sinalizou que poderia dar condições de governabilidade, metáfora ao gosto de suas lideranças para o saque do Erário, apesar de Marina afirmar que romperia com o "toma-lá-dá-cá" tão do agrado dos peemedebistas.

No final da tarde do dia 1º de setembro, realizou-se o debate organizado pelo jornal *Folha de S. Paulo*, o portal UOL, a rádio Jovem Pan e o SBT. Desta vez, até pelo formato do encontro, foi possível estabelecer

---

15. César, Marília de Camargo. *Marina: a vida por uma causa*. São Paulo: Mundo Cristão, 2010, p. 20.

um confronto entre as três principais candidaturas. E a última pesquisa Datafolha, com a divulgação dos dados sobre o empate, no primeiro turno, entre Dilma e Marina; e a vitória da candidata do PSB, no segundo turno, por uma diferença de dez pontos, foi o principal combustível que animou o debate.

De imediato, Dilma tentou colar em Marina a pecha de que não iria explorar o pré-sal e que desprezava esta riqueza nacional. Não deu certo. A candidata do PSB declarou que iria explorar o pré-sal e fazer bom uso deste recurso. Dilma também não foi bem ao questionar Marina sobre a origem dos recursos para os investimentos em saúde e educação:

> Quando é para subsidiar juros dos bancos, as pessoas, como dizia Eduardo Campos, não ficam preocupadas em saber de onde veio o dinheiro, mas quando se trata de dizer que vai se tirar 10% para a educação, aí vem essa pergunta.

Dilma e os petistas tentaram deslocar o eixo das críticas para a súbita mudança do programa do PSB em relação à homofobia. "A gente tem que criminalizar a homofobia", afirmou a presidente. Aécio buscou tangenciar a questão: "É uma questão interna do Legislativo". Para Marina, "há uma tênue dificuldade em se estabelecer o que é discriminação e o que é preconceito em relação ao que é convicção e opinião". Encontrava-se em tramitação no Congresso o projeto que equiparava a discriminação baseada na orientação sexual àquelas previstas em lei para quem discriminava em razão de cor, etnia, nacionalidade e religião. Na nova versão do seu programa, o compromisso era de "criar mecanismos para aferir os crimes de natureza homofóbica". Isso acabou levando Luciano Freitas, coordenador do PSB para a comunidade LGBT, a deixar a coordenação da campanha presidencial.

A situação de Aécio continuava muito difícil. E ainda para piorar, o coordenador-geral da sua campanha, o senador José Agripino Maia, declarou, pouco antes do debate:

> o sentimento que nos une – PSDB, DEM, Solidariedade – é garantir a ida de Aécio para o segundo turno. Se não for possível, avaliar a transi-

ção para o segundo turno. Ou seja, com uma aliança com Marina Silva, por exemplo. É tudo contra um mal maior que é o PT.

Continuou: "Se Marina ganhar derrotando o PT, os petistas estarão automaticamente na oposição. Então, se isso vier a acontecer, o caminho natural seria esse". Apesar de emitir uma nota tentando esclarecer suas declarações, Maia criou uma saia justa no interior da própria campanha, pois reconhecia que Aécio não tinha mais chances de chegar ao segundo turno, isso quando ainda faltavam 35 dias para a eleição e nada parecia absolutamente decidido.

Uma questão importante sustentada por Marina, diferenciando-a de Dilma e Aécio, era a defesa da independência do Banco Central. Como a proposta não tinha sido especificada, pressupunha-se que os diretores do BC teriam mandato fixo e não poderiam ser demitidos pelo presidente da República. O BC definiria a meta de inflação, por exemplo, e controlaria a política monetária e os meios para a obtenção da meta. Era um tema que interessava fundamentalmente ao mercado financeiro. Mas poderia servir para que os adversários de Marina vinculassem a sua candidatura a um suposto apoio do grande capital.

Marina conseguiu ganhar o debate simplesmente respondendo o que desejava, enfrentando Dilma e deixando de lado Aécio. A candidata oficial estava muito nervosa – mais que seus principais oponentes. Mexia constantemente nos seus papéis e leu várias vezes as respostas de algumas perguntas. Trouxe pronta a sua última fala e, apesar de tentar, não conseguiu disfarçar que estava lendo.

O PT começou a mirar suas críticas contra Marina. Pela televisão, no horário eleitoral, os petistas associaram a candidata do PSB aos presidentes Jânio Quadros e Fernando Collor; o primeiro renunciou à Presidência em 25 de agosto de 1961, e o segundo acabou sofrendo um processo de *impeachment* que levou a sua destituição em dezembro de 1992. "Duas vezes na nossa história, o Brasil elegeu salvadores da pátria, chefes do partido do 'eu sozinho.' A gente sabe como isso acabou. Sonhar é bom, mas eleição é hora de botar o pé no chão e voltar à realidade", afirmava a locutor, enquanto imagens de Jânio e Collor eram projetadas.

Humberto Costa, líder do PT no Senado, aproveitou também para atacar Marina. Agora identificando a ex-senadora ao tucanato: "Ela é o 'FHC de saias'". E mais: "Ela vai abaixar a cabeça ao mercado financeiro, deixando a política neoliberal novamente aumentar juros e voltar a inflação". Guido Mantega não perdeu a oportunidade de agir como cabo eleitoral de Dilma, esquecendo-se de que era ministro da Fazenda: "Combater a inflação com aumento muito grande do [superávit] primário, pode ser temerário, porque pode paralisar a atividade econômica".

Marina respondeu à comparação com Collor: "Comecei como vereadora, deputada, senadora, ministra do Meio Ambiente. Imagina se eu dissesse que uma pessoa, que nunca foi eleita nem vereadora, fosse eleita presidente do Brasil? Aí sim poderia parecer Collor de Mello". O mais curioso, é que em Alagoas, Fernando Collor concorria à reeleição para o Senado com apoio do PT estadual e, como senador, foi durante oito anos um fiel aliado dos presidentes Lula e Dilma.

Aécio estava encalacrado. Além de ter de injetar ânimo entre seus apoiadores, foi obrigado a desmentir um boato de que desistiria da candidatura ainda no primeiro turno: "Não tem qualquer sentido essa declaração [de Agripino Maia, coordenador da sua campanha] com aquilo que pensam todos os envolvidos na campanha. Talvez tenha sido uma forma equivocada de se expressar".

Foram divulgados novos dados da pesquisa Ibope somente para a disputa presidencial em São Paulo e Minas Gerais. Em São Paulo, Marina alcançou 39% das intenções de voto. Tinha crescido 4%. Dilma estagnou nos 23%. E Aécio caiu dois pontos, atingindo 17%. Geraldo Alckmin liderava a disputa pelo governo estadual com 50% das intenções de voto, porém 45% dos seus prováveis eleitores prefeririam, para presidente, votar em Marina, e somente 26% optavam por Aécio, daí ter surgido a expressão "voto Geraldina", associando o tucano à candidata do PSB.

Com claro objetivo eleitoral, Dilma resolveu agilizar a aprovação pelo Congresso Nacional de um projeto: a Lei Geral das Religiões, que estava tramitando desde 2009. Pelo projeto, os benefícios recebidos pela Igreja Católica seriam estendidos a todas as denominações religiosas, especialmente os evangélicos. Era neste segmento que Marina liderava. Inclusive na pesquisa Ibope restrita a São Paulo, divulgada em 2 de setembro, Marina vencia Dilma por 49 a 20% entre os evangélicos.

Na noite de 3 de setembro foi divulgada mais uma pesquisa Datafolha. Havia uma expectativa sobre a ascensão de Marina. Continuaria crescendo? E Dilma, reagiria? Aécio voltaria a ser um participante efetivo da eleição? Para o primeiro turno, a pesquisa indicou que Dilma cresceu um ponto e Marina manteve os mesmos números. Dilma tinha 35% das intenções de voto e Marina, 34%. Aécio caiu um ponto, ficando com 14%.

Os dados desenharam um cenário um pouco distinto da última pesquisa. Os dez pontos que Marina obteve no último levantamento para um eventual segundo turno contra Dilma tinham caído para sete pontos: 48 a 41%. Era, provavelmente, sinal de que os ataques petistas a Marina poderiam ter obtido algum tipo de resultado, apesar de mantê-la em primeiro lugar. Por outro lado, ficou claro que a eleição só teria três participantes efetivos. O pastor Everaldo tinha caído de 3 para 2% e nesta pesquisa ficou com 1%. Mas Dilma continuava liderando o ranking de rejeição com 32%, Aécio estava com 21% e Marina com apenas 16%, exatamente a metade de Dilma, o que, para ela, era mais um sinal positivo.

No caso paulista, a pesquisa deu ampla vantagem a Marina. Liderava folgadamente com 42% das intenções de voto contra apenas 23% de Dilma e 18% de Aécio. O tucano já dava sinais de que seria derrotado no principal colégio eleitoral do país, pois não conseguiu atrair o voto dos eleitores de Alckmin. No Rio de Janeiro, Marina também liderava, mas com margem mais apertada: 37 contra os 31% de Dilma. Aécio estava em terceiro lugar, mas bem distante das líderes, com apenas 11%. Em Minas Gerais, o resultado surpreendeu, pois Aécio, ao invés de estar liderando, como era esperado, estava em terceiro lugar com 22%. Lá a liderança era de Dilma com 35% e Marina recebia 27% das intenções de voto.

Em dois importantes colégios eleitorais do Nordeste, Pernambuco e Ceará, o quadro era absolutamente distinto. No estado natal de Eduardo Campos, Marina liderava com 46% e Dilma estava em segundo lugar com 37%; Aécio, em Pernambuco, tinha se transformado em candidato nanico, com apenas 2% das intenções de voto. Já no Ceará, Dilma tinha disparado na frente com 57%, Marina estava em segundo com menos da metade das intenções de voto: 24%. Aécio mantinha péssimo desempenho: 4% – curiosamente, para o Senado, o tucano Tasso Jereissati estava em primeiro lugar com 54%.

No Distrito Federal, Marina liderava com 33% das intenções de voto – em 2010 ela venceu no DF –, Dilma tinha 23% e Aécio, 20%. No Rio Grande do Sul, Aécio também não ia bem, apesar de receber o apoio da líder nas pesquisas para o governo estadual, a senadora Ana Amélia. Amargava a terceira colocação com 15%. Marina estava em segundo com 30% e Dilma liderava com 38%. Neste estado, Ana Amélia vencia Tarso Genro (PT), candidato à reeleição, por 39 a 31%.

Pesquisa Ibope divulgada no mesmo dia do Datafolha indicou um quadro sucessório similar. Deu Dilma em primeiro, porém com uma margem maior em relação a Marina: vencia por 37 a 33% das intenções de voto. Mas no segundo turno a candidata petista perdia por uma diferença de sete pontos (46 a 39%). A mesma pesquisa revelou dado importante em relação aos eleitores beneficiados pelo programa Bolsa Família. Entre eles, Dilma ganhava de goleada de Marina: 57 a 32%, o que reforçava a interpretação de que o programa era um importante instrumento eleitoral petista. E também que boatos de que a candidata do PSB pudesse extingui-lo poderiam ter eficácia no momento decisivo da eleição, especialmente no segundo turno.

Aécio estava sem rumo. Foi surpreendido pelo avassalador crescimento de Marina. Tinha preparado uma estratégia de campanha para combater Dilma, buscar a polarização e ir para o segundo turno – em que esperava receber o apoio de Eduardo Campos. Contudo, o destino fez com que tudo isso se desmanchasse no ar. Desorientado, passou a atacar Marina esperando com isso enfraquecê-la. Insistiu que o país "não era para amadores". Mais ainda, associou a ex-senadora à Dilma: "As nossas adversárias estavam contra o Plano Real, contra a lei de responsabilidade fiscal e nos brindaram com um obsequioso silêncio no momento em que as mais graves denúncias surgiram sobre malfeitos do governo federal".

O PT decidiu-se pelo ataque direto a Marina. Deixou de lado Aécio, considerado fora do páreo. Aproveitando que a candidata do PSB estava fazendo campanha na região metropolitana de Porto Alegre, o partido mobilizou seu braço sindical em uma manifestação contra a homofobia e o fundamentalismo; entenda-se, contra a ex-senadora identificada, segundo os manifestantes, com estas duas bandeiras. Era um grupo pequeno, mas que ganhou visibilidade na imprensa. Marina respondeu ao seu estilo: "Os brasileiros querem unir o Brasil, e eu tenho repetido que quero oferecer a outra face. Para a face da incompreensão, a compreensão. Para a face de algumas mentiras que estão sendo ditas contra mim, a verdade". E ainda faltava um mês para o primeiro turno.

CAPÍTULO 7

Um novo mensalão rondava a eleição

A um mês da realização do primeiro turno, em 5 de setembro, uma sexta-feira, a revista *Veja*, antecipando o conteúdo da edição que chegaria às bancas, publicou em seu *site* que Paulo Roberto Costa finalmente havia aceitado fazer uma delação premiada das irregularidades cometidas na Petrobras. Ex-diretor da empresa, responsável durante oito anos (2004-2012) pela área de abastecimento, Costa pretendia diminuir sua pena graças à colaboração que faria à Justiça. Inicialmente, o objetivo era sair da prisão: lá estava há três meses.

Costa chegou a contratar uma advogada especializada em delação premiada. Temia ser um novo Marcos Valério e ser condenado a 40 anos de detenção. E mais: receava morrer na prisão. Intuía que, em um eventual processo, os políticos acusados – em razão das relações privilegiadas com altas esferas do Judiciário – poderiam se safar e a carga da penalização poderia recair exclusivamente sobre ele.

A revista *Veja* publicou trechos do seu longo depoimento – 42 horas – em que foram citados como envolvidos no esquema de corrupção 25 deputados, seis senadores, três governadores e um ministro de Estado, além do tesoureiro do PT e do ex-governador Eduardo Campos. O número de envolvidos no escândalo era muito maior, mas a lista completa não havia sido revelada. Soube-se que Lula teria elogiado o trabalho de Costa na Petrobras, especialmente a facilidade com que arrecadava dinheiro para o partido. Chamava-o carinhosamente de Paulinho. O ex-diretor era íntimo do Palácio do Planalto. Na festa de casamento da filha de Dilma – Paula Araújo –, Costa foi um dos poucos convidados. Era um homem de confiança do lulismo.

O esquema que movimentou milhões de reais obrigava as empresas que iam fechar negócio com a Petrobras a pagar um "pedágio". Os recursos obtidos eram lavados por doleiros – o mais conhecido era Alberto Youssef – e depois distribuídos; parte deles, para sustentar a base aliada no Congresso Nacional. Era um mensalão muito mais turbinado, turbinado por milhões de reais.

A divulgação do depoimento abriu a possibilidade de um crescimento da candidatura de Aécio, muito abalada desde a entrada de Marina na disputa: "O Brasil acordou perplexo com as mais graves denúncias de corrupção da nossa história recente. Está aí o "mensalão 2": é o governo do PT patrocinando o assalto às nossas empresas públicas para a manutenção do seu projeto de poder", disse o tucano. Marina ficou numa situação difícil, pois Costa acusou – sem detalhar – um possível envolvimento de Eduardo Campos no esquema de corrupção da Petrobras. Dilma saiu pela tangente. Afirmou que tomaria "todas as providências cabíveis", sem especificar quais, quando e como.

Os dois candidatos oposicionistas aproveitaram para também criticar o anúncio feito por Dilma de que, caso reeleita, mudaria o titular do ministério da Fazenda. Foi criada uma situação *sui generis*: caso Dilma fosse reeleita, Guido Mantega iria passar quase quatro meses como ministro interino, aguardando ser substituído em janeiro de 2015. Isto retirava a autoridade do ministro em um difícil momento da economia nacional. A inabilidade de Dilma mais uma vez criou um sério problema para o governo. Para Marina, Dilma "sinaliza agora que vai mudar sua equipe econômica, mas talvez seja tarde o movimento que ela está fazendo". Já Aécio acentuou que "nenhuma das negociações de hoje passa a ter credibilidade".

Em um curioso movimento, PT e PSDB transformaram Marina no alvo preferencial de ataques. Aécio mirou em Dilma, mas o objetivo era atingir Marina: "existe o PT1, que fracassou com Dilma, e tem gente querendo voltar de novo com o PT2". O PSDB acusou o PSB de plagiar trechos do Plano Nacional de Direitos Humanos de 2002. Os petistas denunciaram que Marina teria copiado a proposta de saúde do programa eleitoral de Lula de 2006 e que o programa de energia também seria um plágio de um artigo publicado na *Revista USP*. Bazileu Margarido, do comitê de campanha de Marina, respondeu de forma tortuosa: "São documentos públicos, políticas públicas, que sempre fizemos questão de reafirmar".

Os escândalos da Petrobras assumiram o protagonismo da campanha. Dilma, sempre fantasiada com o figurino de gerente eficiente, disse, sem ficar corada, que "se houve alguma coisa [na Petrobras], e tudo indica que houve, posso te garantir que todas as sangrias que pudessem existir estão estancadas. Eu não tinha a menor ideia de que isso ocorria dentro da empresa". Era um meio de se desvincular de Paulo Roberto da Costa, que, segundo ela, "vinha fazendo carreira". "É de fato surpreendente que ele tenha feito isso", afirmou ela.

Marina mirou na petista: "Quem manteve toda essa quadrilha que está acabando com a Petrobras é o atual governo, que, conivente, deixou que todo esse desmande acontecesse em uma das empresas mais importantes do país". Para Aécio, do ponto de vista político, Dilma "foi beneficiária, sim. E tinha a obrigação de saber aquilo que acontece em seu entorno". Renan Calheiros e Henriques Alves, presidentes do Senado e da Câmara, respectivamente, e acusados por Costa, foram mais práticos: temendo vaias e protestos, não compareceram ao desfile de Sete de Setembro em Brasília.

O PT armou o contra-ataque elaborando uma "agenda de escândalos" contra seu principal adversário: Marina Silva. A CUT – um dos braços do partido no meio sindical – anunciou que realizaria manifestações criticando posições da candidata do PSB em relação à exploração do pré-sal, ao papel dos bancos públicos e à terceirização da mão de obra. Não passou de mais uma ameaça para desqualificar a candidata, assim como a "denúncia" de que Neca Setúbal tinha doado R$ 1 milhão para o instituto dirigido por Marina Silva em 2013, correspondente a 83% dos gastos. Era mais uma tentativa de colar na candidata do PSB a pecha de aliada dos banqueiros.

A polarização Dilma-Marina já tinha se consolidado. Uma respondia às declarações da outra. E sempre em tom duro, quase que exaltado. Aécio foi excluído do embate, como uma carta fora do baralho. Na propaganda televisiva, o PT atacou diretamente Marina.

Uma das propagandas, de 30 segundos, representou bem aquele momento da campanha. Nela, homens de terno e gravata discutem animadamente em uma sala de reuniões, com vários gráficos ao fundo, em torno de uma mesa, como se estivessem em um banco. *"Marina tem dito que, se eleita, vai fazer a autonomia do Banco Central. Parece algo distante da vida da gente, né? Parece, mas não é..."*, sugere uma voz em *off*. Em seguida, uma música incidental criava um momento de tristeza. Um corte de cena levava para uma outra reunião, agora em ambiente familiar, em torno de uma mesa, onde uma família humilde fazia alegremente uma refeição com fartura de alimentos. *"Isso significaria entregar aos banqueiros um grande poder de decisão sobre sua vida e de sua família..."*, dizia o narrador. Neste instante, um dos participantes da refeição representando o pai recebe o prato de comida, que acaba desaparecendo. *"Os juros que você paga... Seu emprego, preços e até salário..."* A câmera se deslocava enquadrando os outros membros da família que iam alterando seus semblantes, de alegres, em um primeiro momento, para tristes. A cena era cortada e deslocada para a reunião dos banqueiros, todos alegres e satisfeitos. *"Ou seja, os bancos assumem um poder que é do presidente e do Congresso, eleitos pelo povo. Você quer dar a eles esse poder?"*, concluía o narrador. O vídeo terminava com a família humilde sentada à mesa, com os pratos vazios, e com semblantes tristes.

A estratégia petista era de desconstruir Marina, identificá-la com os banqueiros, símbolos do mal. Não passava de um instrumento eleitoral, um esquerdismo de ocasião, com data de validade que expirava, como em outras vezes, após a apuração dos votos. Além do que, o modelo de banco central autônomo era adotado em vários países como Nova Zelândia, Japão, Estados Unidos, Chile, entre outros, bem como na Europa. E mais: até aquele momento da campanha, o PT tinha recebido R$ 16 milhões de doações dos grandes bancos, valor superior à soma das contribuições, do mesmo setor, obtidas por Marina e Aécio.

Era mais uma bazófia. Bastava comparar, com valores atualizados, os lucros dos bancos na presidência FHC, quando alcançaram R$ 31 bilhões, e os realizados nos oito anos do governo Lula, quando quintuplicaram e atingiram fantásticos R$ 199,4 bilhões. Marina respondeu ao ataque: "Ela [Dilma] disse que ia ganhar para baixar os juros. Nunca os banqueiros ganharam tanto como em seu governo. Agora, eles, que fizeram a bolsa-empresário, a bolsa-banqueiro, a bolsa-juros altos, estão querendo nos acusar de forma injusta em seus programas eleitorais".

Dilma retrucou atacando diretamente Marina: "Não adianta querer falar que eu fiz bolsa-banqueiro. Eu não tenho banqueiro me apoiando. Eu não tenho banqueiro, você entende, me sustentando". E continuou atacando no seu conhecido estilo tortuoso de se expressar:

> Esse povo da autonomia do Banco Central quer o modelo anterior: um baita superavit, aumentar os juros pra danar, reduzir emprego e reduzir salário. Porque emprego e salário não garantem a produtividade, segundo eles. Eu sou contra isso.

Marina tentou por todos os meios contra-atacar o PT: "Há uma visão autoritária de um setor da esquerda de que se você estiver a serviço deles, então você está ungido pelo manto da proteção. Senão, você passa a ser satanizado". Lembrou que "quando foi para a Neca ajudar o candidato Haddad [à prefeitura de São Paulo], participando de seminários, ajudando a fazer seu programa de governo, eles [os petistas] não a desqualificaram".

Aécio, como já tinha virado rotina, fez o possível para participar do tiroteio. Deixou claro que "o PSDB tem duas opções: ou vence e é governo ou perde e é oposição". Meio sem rumo, começou a identificar em Marina seu alvo principal: "O que está aí falhou, acredito que não terá outro mandato. Outra alternativa é Marina. O que é a nova política? Será que é governar com o terceiro time do PSDB e do PT?". E completou: "Como [Marina] vai construir maiorias, apenas com sorriso?".

Na noite de 10 de setembro foi divulgada uma pesquisa Datafolha. Dilma, no primeiro turno, conseguiu aumentar mais um ponto de diferença em relação à Marina. Foi para 36% e Marina caiu um ponto: ficou com 33%. Desta forma, a diferença entre elas, que era de um ponto, saltou para três. Aécio foi para 15% – na pesquisa anterior estava com 14%.

Mas estava dando adeus à eleição, que tinha ficado restrita apenas às candidatas do PT e do PSB. Na simulação do segundo turno, a diferença da última pesquisa (sete pontos) caiu para apenas quatro pontos (47 a 43% para Marina).

Em termos regionais, o melhor resultado de Marina era no Sudeste com 36%, o de Dilma no Nordeste com 47%, e o de Aécio no Sul com 20%. Já o pior resultado de Marina era no Sul com 28%, o de Dilma era no Sudeste com 28%, e o de Aécio era no Nordeste com apenas 8%.

A pesquisa deixou animada a direção petista. Deu a entender que os ataques à candidata do PSB estavam dando bons resultados eleitorais. A rejeição à Marina ainda era muito baixa (18%) e a de Dilma, muito alta (33%). A avaliação do governo continuou estável: 38% consideravam regular, 36% ótimo e bom, e 24% ruim ou péssimo. A exposição de Dilma como presidente-candidata era outro fator que a favoreceria.

Em constantes deslocamentos pelo país, a presidente utilizou-se sem nenhum pudor da estrutura da máquina pública. Assim como recebeu apoios daqueles que eram, na prática, seus subordinados. Em mais um triste momento da história das universidades federais, 54 reitores, esquecendo-se de que as universidades são apartidárias, reuniram-se com a presidente e, por meio de um documento, declararam apoio à sua reeleição, pois, segundo eles, "o Brasil está no rumo certo".

Em São Paulo, o maior colégio eleitoral, Marina continuava liderando com folga: vencia Dilma de 40 a 26%. No Rio de Janeiro, a diferença tinha caído. A ex-senadora tinha 36% das intenções de voto contra 30% de Dilma. Em Minas Gerais, surpreendentemente, Dilma mantinha liderança com 33%, Aécio estava em segundo com 26% e Marina em terceiro com 25%. O que enfraquecia Marina era não ter candidatura própria em São Paulo e no Rio de Janeiro, e no caso de Minas Gerais, o candidato da coligação tinha um desempenho pífio (Tarcísio Delgado estava com 3% das intenções de voto).

Geraldo Alckmin, segundo o Datafolha, venceria no primeiro turno com 49% das intenções de voto – tinha caído quatro pontos, mas seu mais próximo opositor, Paulo Skaf, se manteve com 22% e Padilha não tinha conseguido superar um dígito (9%). Por dever partidário, Alckmin fazia propaganda de Aécio – que tinha somente 16% das intenções de voto. E por representar 22,4% dos eleitores do país, São Paulo era um dos estados-chave da eleição. O paradoxo era que o candidato a vice-governador na chapa do PSDB era Márcio França, do PSB. Contudo, esta contradição só poderia ser resolvida no segundo turno.

No Rio de Janeiro, nenhum dos quatro principais candidatos apoiavam Marina. Lá, naquele momento, a eleição era disputada principalmente por Anthony Garotinho e Pezão, ambos com 25% das intenções de voto. A exposição de Marina, no horário gratuito, se resumia fundamentalmente aos dois minutos reservados à sua aliança. A exceção era Romário, que liderava a corrida para o Senado e que intensificou a dobradinha com Marina. Mas isso era muito pouco para um estado que representava 8,5% do total dos eleitores.

O caso de Minas Gerais era emblemático. Fernando Pimentel não só continuava liderando (34%), como tinha ampliado a diferença para Pimenta da Veiga de 8 para 11%. E na simulação do segundo turno venceria facilmente de 42 a 29%. O PSDB tinha o controle do governo desde janeiro de 2003 e vencido todas as eleições com relativa facilidade. Um dos problemas residia em Pimenta, que não conseguiu estabelecer uma empatia com o eleitorado mineiro, entre outras razões, porque esteve afastado por um bom tempo da vida política estadual. Enquanto isso, Pimentel teve uma exposição constante, ora na esfera regional, ora como ministro de Dilma. E tudo indicava que Aécio, naquele momento, tinha superestimado seu prestígio político no estado.

A enorme vantagem petista no horário eleitoral gratuito, que permitia a repetição exaustiva das acusações contra Marina, deu novo alento a Dilma. Além do que, o PT e o PMDB, eram partidos nacionalmente mais bem estruturados. Tinham também o controle da máquina governamental e, principalmente, as chaves do Erário. Faltavam ainda 25 dias para a eleição e estava aberta a possibilidade de uma nova reviravolta no quadro eleitoral.

A corrupção na Petrobras continuou tomando conta do debate presidencial. Apesar da importância do tema, o país tinha uma série de outros problemas que ficaram relegados ao plano secundário. Para o PT não foi mau negócio ter a Petrobras como protagonista eleitoral. Posava, como fez especialmente em 2006, como defensor da empresa e alinhado ao nacionalismo de viés getulista. Marina disse: "Não consigo imaginar que as pessoas possam confiar num partido que coloca por doze anos um diretor para assaltar a Petrobras". E recebeu uma dura resposta da presidente: "Desses doze anos, oito ela passou no governo ou na bancada do PT no Senado".

Na noite de 12 de setembro, causou profunda estranheza a divulgação de uma pesquisa Ibope realizada entre os dias 5 e 8 de setembro. Estranheza porque recolheu dados no período anterior ao da pesquisa Datafolha, mas divulgou os dados posteriormente. Portanto, ao ser divulgada, não era mais um retrato do momento eleitoral. Coisas do Brasil. Ou coisas das eleições brasileiras e do Ibope. Segundo a pesquisa, Dilma teria 39% das intenções de voto (com crescimento de dois pontos) contra 31% de Marina (que teria caído dois pontos). Aécio permaneceu com 15%. Para o segundo turno, Marina recebeu 43% das intenções de voto contra 42% de Dilma, portanto, estavam tecnicamente empatadas. A pesquisa foi recebida com desconfiança e não pautou o debate eleitoral.

O que marcou o dia 12 foi a breve entrevista de Marina Silva à *Folha de S. Paulo*. A repórter Marina Dias viajou no mesmo carro da presidenciável em direção ao hotel onde estava hospedada após um dia de campanha no Rio de Janeiro. Marina chorou ao responder a uma pergunta da repórter sobre como tinha recebido as críticas de Lula: "Eu não posso controlar o que Lula pode fazer contra mim, mas posso controlar o que não quero fazer nada contra ele". Comparou à campanha de 1989:

> O povo falava: "Se o Lula ganhar vai pegar minhas galinhas e repartir". "Se o Lula ganhar vai trazer os sem-teto para morar em um dos dois quartos da minha casa." Aquilo me dava um sentimento profundo, e a gente fazia de tudo para explicar que não era assim. Me vejo fazendo isso agora.

Lula pouco se importou com os reclamos da ex-senadora. Continuou vinculando Marina a um suposto desinteresse pela exploração de petróleo. Deixando de lado o senso de ridículo, disse: "tem gente querendo acabar com o pré-sal. Se for necessário, Dilma, me fale que vou mergulhar e buscar lá no fundo [do mar] o petróleo". Depois atacou sua ex-companheira de partido: "A dona Marina não precisa contar inverdades a meu respeito para chorar. Nunca falei mal da dona Marina e vou morrer sem falar. Ela que tem que se explicar porque falou mal do PT". E completou, desqualificando mais uma vez a ex-senadora: "Não sei se a companheira leu o programa que fizeram para ela. Se ela leu, significa que não aprendeu nada nas discussões que fizemos quando ela estava no partido".

O bate-boca foi um bom exemplo do nível rasteiro da campanha. Dilma atacou Marina dizendo que "não tem coitadinho na Presidência". Teve uma resposta ao estilo bíblico: "Tudo tem duas faces. Para a face do ódio, eu ofereço o amor; para a face da mentira, eu ofereço a verdade". Tasso Jereissati, líder tucano e candidato ao Senado pelo Ceará, se esforçando para polemizar, criticou a proposta da ex-senadora de "governar com os bons": "é um erro grave que Marina está fazendo. Ela não vai conseguir sair pinçando e destruindo os partidos. Porque, se faz isso, acaba com a estrutura partidária". Crítica frágil e que dificilmente encontraria guarida entre os eleitores profundamente decepcionados com o processo democrático, especialmente com os partidos políticos.

Em meio a todo este tiroteio, o peemedebista Michel Temer, vice de Dilma que estava desaparecido até dos materiais de campanha, deu um toque de realismo bem ao estilo da política tupiniquim em uma entrevista: "Não se governa sem o PMDB. Agora, o PMDB tem sido o fiador da governabilidade". Foi um sinal de que o partido já acenava apoio para um possível governo Marina. E que estava aberto à negociação, como fora hábito nos últimos vinte anos.

A pobreza do debate ideológico deslocou o noticiário para a Petrobras, foco de milionárias denúncias de corrupção. Paulo Roberto Costa tinha garantido a delação premiada e a suspensão da prisão preventiva. À época foi estimado que Costa seria condenado a cinco anos de prisão, abrindo possibilidade de cumprir a pena em regime semiaberto, além de devolver o dinheiro desviado da empresa, estimado em US$ 23 milhões.

O PT chegou a organizar uma manifestação no Rio de Janeiro, em frente à sede da Petrobras. Compareceram militantes e cabos eleitorais pagos. Somados, não passaram de dois mil espectadores. O ato supostamente era para proteger a empresa que, paradoxalmente, estava sendo destruída pelo próprio PT – coisas do Brasil. Lula se fantasiou de petroleiro e falou ao seu estilo com acusações contra Marina. Já o eterno sem líder dos sem-terra, João Pedro Stédile, que é pequeno proprietário no Rio Grande do Sul há mais de vinte anos, preferiu ameaçar a ex-senadora: "A dona Marina que invente de colocar a mão na Petrobras, que voltaremos aqui todos os dias".

O ato foi mais uma ação da estratégia petista de imputar a Marina o que ela sequer tinha insinuado fazer. A política do medo continuou a ser usada em *spots* do horário eleitoral. Um deles relacionava um suposto desinteresse da ex-senadora pela exploração do pré-sal às demandas sociais do país. A peça abria com vários homens discutindo em torno de uma mesa de reunião, como se estivessem em uma empresa de energia (é possível ver várias miniaturas de torres de extração de petróleo no cenário). Uma voz em *off* questiona: *"Marina tem dito que, se eleita, vai reduzir a prioridade do pré-sal. Parece algo distante da vida da gente, né? Parece, mas não é..."*, em seguida uma música toma conta do ambiente em tom grave. Logo aparecem crianças estudando em torno de uma mesa, acompanhadas por uma professora. O narrador prossegue: *"Isso significaria que a educação e a saúde poderiam perder 1 trilhão e 300 bilhões de reais. E que milhões de empregos estariam ameaçados em todo o país..."*. Os empresários que apareceram no início estão alegres, com ar de vitória. *"Ou seja, os brasileiros perderiam uma oportunidade única de desenvolvimento..."*. As páginas do livro utilizado por uma das crianças ficam magicamente em branco. *"É isso que você quer para o futuro do Brasil?"*, conclui o narrador. Assim como no *spot* anterior – em que os pratos ficaram vazios de comida – neste, todos os livros que estavam sobre a mesa desapareciam, deixando todos tristes.

Ao chegar a 15 de setembro, data-limite para a substituição de candidaturas – excetuando os casos de falecimento[16] –, o quadro eleitoral

---

16. De acordo com a Resolução 23.405 do Tribunal Superior Eleitoral, artigo 61. É facultado ao partido político ou à coligação substituir candidato que tiver seu registro indeferido, inclusive por inelegibilidade, cancelado ou cassado, ou, ainda, que renunciar ou falecer após o termo final do prazo do registro (Lei nº 9.504/97, art. 13, caput; LC nº 64/90, art. 17; Código Eleitoral, art. 101, § 1º).

§ 1º A escolha do substituto será feita na forma estabelecida no estatuto do partido político a que pertencer o substituído, devendo o pedido de registro ser requerido até 10 dias contados do fato ou da notificação do partido da decisão judicial que deu origem à substituição (Lei nº 9.504/97, art. 13, § 1º).

estava estagnado. Mais ainda: a emoção da reviravolta observada desde o trágico acidente de 13 de agosto parecia ter se esgotado. Não havia mais novidades. Aécio parecia carta fora do baralho; apesar de todos os esforços para criar uma polarização principalmente com Marina. Dilma continuava a usar a estrutura da Presidência para fazer campanha e Marina percorria o país falando, falando, mas sem discutir profundamente nenhum grande problema nacional.

Até a metade de setembro, apenas vinte dias antes da eleição, nenhum dos principais candidatos tinha apresentado seu programa de governo. O Brasil continuava sendo um país fantástico: as alianças políticas foram estabelecidas e as pesquisas eleitorais realizadas sem que os partidos ou os eleitores soubessem o que pensavam os candidatos. E todos achavam isso absolutamente natural. O que tinha sido apresentado eram ideias vagas sobre alguns temas – e isso somente porque os candidatos foram provocados por perguntas de jornalistas.

---

§ 2º A substituição poderá ser requerida até 20 dias antes do pleito, exceto no caso de falecimento, quando poderá ser solicitada mesmo após esse prazo, observado em qualquer hipótese o prazo previsto no parágrafo anterior.

CAPÍTULO 8

A máquina de triturar reputações

Uma pesquisa Ibope ocupou parte das atenções no dia 17 de setembro. Apresentou uma queda de três pontos de Dilma no primeiro turno. Os 39% das intenções de voto caíram para 36%. Marina perdeu um ponto: ficou com 30%. A diferença entre as duas ficou em 6% (era, na pesquisa anterior, de 8%). Aécio saltou de 15 para 19%, foi o único que cresceu em intenções de voto. Para o segundo turno, Marina venceria por 43 a 40%.

Os ataques contra Marina estavam ganhando espaço cada vez maior na propaganda petista. A ex-senadora encontrou uma resposta original. Em discurso em Fortaleza – posteriormente utilizado no horário eleitoral – respondeu às calúnias: "Dilma, você fique ciente. Não vou lhe combater com suas armas; vou lhe combater com a nossa verdade". E continuou citando um exemplo de vida pessoal:

> Tudo o que minha mãe tinha para oito filhos era um ovo e um pouco de farinha e sal com algumas palhinhas de cebola picadas. Eu me lembro de ter olhado para o meu pai e minha mãe e perguntado: "Vocês não vão comer?" E minha mãe respondeu: "Nós não estamos com fome".

Marina interrompeu, emocionada. Logo retomou: "Uma criança acreditou naquilo. Mas depois entendi que eles há mais de um dia não comiam. Quem viveu essa experiência jamais acabará com o Bolsa Família".

Michel Temer continuava escondido pela campanha petista. Em visita a Campinas, interior de São Paulo, onde recebeu estranha homenagem de personalidade do ano, isto ainda em setembro, acabou dando um toque de humor, ainda que involuntário, em meio a todo tiroteio eleitoral. Entusiasmado, para os padrões de um orador sem brilho, disse que "o Brasil está crescendo fantasticamente", isto quando todas as estatísticas apontavam um crescimento próximo a zero do PIB. Não satisfeito, encerrou sua peroração, para gáudio dos presentes, prevendo que "nem que a gente quisesse, a gente não tem condições de perder a eleição".

Paulo Roberto Costa, o homem-bomba, compareceu à CPI mista da Petrobras. Tinha sido convocado. Usou da prerrogativa constitucional de permanecer em silêncio. Repetiu por dezessete vezes: "Vou me reservar o direito de ficar calado". Os parlamentares aproveitaram o espaço das perguntas para dissertar sobre os escândalos da Petrobras. Foi um espetáculo grotesco: parlamentares vituperando e Costa ouvindo tudo impassível, sem mexer um músculo do rosto. Meses antes, no mesmo plenário, Paulo Roberto Costa, o Paulinho do Lula, tinha dito que "A Petrobras nunca foi, não é e nunca será uma empresa bandida". E mais: "Pode-se fazer uma auditoria por 50 anos que não se vai achar nada de ilegal na Petrobras".

No dia seguinte foi revelado que ele tinha confessado, procurando se beneficiar da delação premiada, o recebimento de R$ 1,5 milhão como pagamento de propina de apenas um dos tenebrosos negócios realizados pela Petrobras nos tempos petistas, a compra da refinaria de Pasadena, nos Estados Unidos.

O tema da corrupção na maior empresa brasileira também esteve presente naquele dia, nas intervenções dos principais candidatos à Presidência. Marina Silva fez questão de colar o principal acusado à presidente: "Costa foi funcionário de confiança da presidente". E ironizou Lula utilizando-se de um dos seus motes preferidos: "Agora temos o maior mensalão da história do país. Porque nunca na história deste país se viu um escândalo como esse".

Em São Paulo, Marina tocou em tema espinhoso: a legislação trabalhista. Poderia ter evitado, pois o PT estava vigilante, esperando o momento de iniciar nova ofensiva caluniosa. Mas a candidata do PSB resolveu, ainda que rapidamente, tratar da questão em encontro com pequenos empreendedores:

> Um dos graves problemas da informalidade no Brasil é exatamente essa complexidade das leis trabalhistas que muitas vezes priva aquela pessoa que tem uma pequena empresa de contratar e de formalizar (o empregado) de alguma forma que seja compatível com as suas possibilidades. Não é uma discussão fácil e acontece sempre no terreno de como não precarizar as relações trabalhistas e não perder conquistas que foram obtidas com muito sacrifício, mas como fazer uma atualização para resolver problemas do mercado, do mundo do trabalho.

Marina deixou claro que pretendia: "fazer uma atualização dessas leis, preservando tanto a segurança dos empregadores como a dos trabalhadores". Falou também que concordava em "disciplinar a terceirização de atividades com regras que a viabilizem". Bastou para Dilma, sem qualquer pudor, transformar a opositora numa adversária de direitos trabalhistas adquiridos havia decênios, afirmando: "A lei tem de mudar. [...] Agora, 13º, férias e horas-extras, nem que a vaca tussa". Era mais uma tentativa de desconstruir a opositora frente ao eleitorado menos politizado, assim como estava fazendo através do Pessimildo, um boneco mal-humorado que, no horário político, ironizava as críticas ao governo, lembrando método usado pelo regime militar que também usou bonecos – como o Sugismundo – nas suas campanhas publicitárias.

A candidata oficial continuava batendo de frente com seu próprio partido. O PT estava concluindo a elaboração do programa de governo em que inseriu pontos que eram contrários à ação do Palácio do Planalto. Um deles foi a revisão da Lei de Anistia, de agosto de 1979, que certamente iria criar um conflito com as Forças Armadas. Durante o quadriênio dilmista foi criada a Comissão Nacional da Verdade para tratar das violações aos direitos humanos durante o regime militar – apesar de que, no seu ato de criação, as investigações deveriam se reportar a 1946, estendendo-se a 1988; muito embora a Comissão, por vontade própria, tenha ignorado o disposto na lei. Neste ponto não interessava ao governo ir além. O resto era pura representação para as galerias.

A presidente também discordava do pensamento do partido de que deveria ser extinto o fator previdenciário, adotado na gestão FHC, que serviria, segundo o governo, como instrumento para evitar ampliar o rombo nas contas da Previdência Social. E muito menos desejava tratar da redução da jornada de trabalho, tese petista sem abrigo na realidade econômica de um país com taxa de crescimento do PIB próxima a zero e com produtividade sensivelmente inferior à dos países desenvolvidos ou dos emergentes. A solução encontrada foi não divulgar o programa de governo, evitando críticas e um possível desgaste eleitoral.

Quem estava desaparecido da campanha era o senador José Sarney. Tinha abdicado de concorrer a reeleição pelo estado do Amapá. Sabia que corria sério risco e evitou encerrar sua vida pública com uma derrota. Mas em São Luís, em um comício de apoio ao candidato apoiado pela família Sarney ao governo estadual, Lobão Filho, filho do ministro Edison Lobão, o velho senador resolveu atacar a "dona Marina", como designou a candidata do PSB de forma depreciativa – dias antes Lula e Stédile tinham feito o mesmo. Segundo o donatário do Maranhão: ela "passou comigo 16 anos no Senado. Com essa cara de santinha, mas ninguém é mais radical, mais raivosa, mais com vontade de ódio do que ela". E continuou vituperando: "Quando ela fala de diálogo, o que ela chama diálogo é converter você. Ela pensa que o mundo é dividido em duas partes: uma condenada à salvação e outra à perdição. Mas somos filhos de Deus, mas condenados a vivermos juntos". A irrelevância política do velho senador já era tão acentuada, que sua declaração acabou esquecida no dia seguinte.

Em meio a troca de acusações, os problemas econômicos continuavam colocados de lado. E eram graves, muito graves. Para os estafes dos três principais candidatos, a economia era considerada um tema áspero e de difícil compreensão popular para a maioria dos eleitores. O crescimento do PIB no primeiro trimestre foi negativo (-0,2%) e o péssimo desempenho se repetiu no trimestre seguinte (-0,6%). A estimativa para o ano era de um crescimento próximo a zero. A inflação estava muito distante do centro da meta de 4,5%, devendo chegar no final do ano a patamares entre 6,2 a 6,5%. E qualquer novo governo teria de enfrentar a defasagem nos preços da energia elétrica, dos combustíveis e dos transportes públicos urbanos. Além de resolver o problema da desvalorização cambial. Mas nenhum deles queria falar do que iria fazer em 2015, muito menos de que forma conteria as despesas públicas e como trataria a taxa de juros e a inflação. O silêncio e a omissão eram considerados atos de habilidade política.

A declaração de Marina de que, caso eleita, reduziria os subsídios aos bancos públicos – na verdade, referia-se aos benefícios que acabavam favorecendo as grandes empresas –, foi utilizada pelos petistas como mais uma etapa da campanha do medo. Agora a calúnia girava em torno dos pequenos produtores agrícolas, das empresas de construção civil e do Prouni. Tudo apresentado, de forma confusa, em 30 segundos: na peça de propaganda, os maus novamente eram representados por homens e mulheres em trajes sociais, como se estivessem trabalhando em uma grande empresa. A câmera destacava um gráfico do programa Minha Casa, Minha Vida. O narrador afirmava: *"Marina tem dito que, se eleita, vai reduzir os subsídios dados pelos bancos públicos. Parece algo distante da vida da gente, né? Parece, mas não é..."*. Em seguida, uma música triste e em tom grave tomava conta do ambiente. A cena deslocava-se para um cenário que remetia a um pequeno negócio, com várias pessoas alegremente fazendo e embalando geleia de morango. O narrador prosseguia: *"... Isso significaria menos financiamento para a agricultura familiar e para a indústria. E um grande risco para programas sociais como o Minha Casa, Minha Vida e o Prouni..."*. Havia um corte abrupto para a reunião dos empresários, que aparentavam estar preocupados. Rapidamente, surgia então uma foto de formatura de estudantes – uma referência óbvia ao Prouni. *"... Ou seja, milhões de brasileiros com menos acesso ao crédito, à educação e à casa própria..."*, a narração continuava. Neste instante, tal qual na propaganda sobre o pré-sal, os potes de geleia ficavam vazios e o narrador concluía: *"... É isso que você quer para o futuro do Brasil?"*. A câmera focava o local onde estavam os pequenos produtores, todos exibindo expressões de tristeza.

Os violentos ataques disparados contra Marina pelo PT estavam dando algum resultado. Pesquisa Datafolha divulgada em 19 de setembro deu a Dilma, no primeiro turno, uma liderança mais folgada que o levantamento anterior. Ela obteve 37% das intenções de voto contra 30% de Marina. Se a diferença na última pesquisa era de três pontos, agora saltou para sete, produto muito mais da queda de Marina (de 33 para 30%) do que do seu próprio crescimento (de apenas um ponto). Quem cresceu na pesquisa foi Aécio que saltou de 15 para 17%, mas ainda continuava muito longe de poder almejar participar do segundo turno.

Para o segundo turno, as intenções de voto de Marina caíram 1%, mesmo assim ela ainda liderava com 46% das intenções de voto e Dilma estava com 44% (teve crescimento de 1%). Era uma situação de empate técnico. A rejeição de Dilma estava em 33% (idêntica a da pesquisa anterior) mas a de Marina tinha alcançado 22% (recordando que na pesquisa realizada nos dias 14 e 15 de agosto, logo após a morte de Eduardo Campos, era de apenas 11%). Aécio era rejeitado por 21% dos pesquisados, mantendo o índice que tinha no início de setembro.

Marina continuava liderando em apenas uma região: o Sudeste. Mesmo assim, tinha caído de 36% das intenções de voto para 32%, Dilma permanecia com 28% e Aécio cresceu de 18 para 20%. Na região Norte, a presidente vencia Marina de 49 a 28%, era a maior diferença. No Sul, a ex-senadora perdeu três pontos e estava agora ameaçada por Aécio (25 a 22%), e Dilma liderava tranquila com 35%. No Rio Grande do Sul, curiosamente, Tarso Genro, candidato à reeleição, tinha apenas 27% das intenções de voto e Ana Amélia, do PP e apoiada pelo PSDB, recebia o apoio de 37% dos entrevistados e liderava a corrida para o governo do estado. No Paraná, Beto Richa (PSDB), candidato à reeleição, liderava com 44% das intenções de voto, seguido pelo senador Roberto Requião (PMDB) com 30%. No Centro-Oeste houve uma inversão: Dilma passou para a liderança (de 30 para 32%) e Marina caiu de 35 para 31%. Aécio poderia ter obtido resultado geral melhor se não fosse o seu péssimo desempenho no Nordeste, onde estava estagnado com 8% das intenções de voto.

Aécio vivia um momento de crise de identidade. Concentrou seus ataques em Marina Silva. Dava a entender que considerava líquido e certo a ida de Dilma ao segundo turno. Por pressão do Solidariedade – partido que fazia parte da sua aliança eleitoral – acabou assumindo o compromisso de acabar com o fator previdenciário, o que se chocava com o que tinha até então apresentado. Como destacou o economista Raul Velloso, "é muito ruim essa proposta e muito difícil conciliá-la com o programa econômico que está sendo feito pelo Armínio Fraga".

Marina foi a São Bernardo do Campo, berço do PT, para reafirmar o "compromisso de continuar avançando nas conquistas que o povo brasileiro a duras penas alcançou". "O nosso compromisso é com o direito dos trabalhadores", disse ela. Pela voz do vice, Beto Albuquerque, assumiu também o compromisso de rever o valor das aposentadorias: "O governo tem medo de falar desse assunto. Está mantendo o fator que foi criado pelo Fernando Henrique Cardoso de forma desavergonhada. Nós vamos colocar em debate a revisão do fator previdenciário, porque o trabalhador tem o direito de se aposentar recebendo aquilo que contribuiu". Era a primeira vez que o PSB assumia, na campanha, este compromisso.

Não se sabia, claramente, o que efetivamente pensava a candidata Marina. Ficava a impressão de que as promessas iam surgindo conforme as necessidades eleitorais. Em parte, isso parecia advir da improvisação da campanha que existia, tendo ela na cabeça da chapa, há apenas um mês. No mesmo dia, inclusive, Maurício Rands, um dos coordenadores da sua campanha, foi obrigado a desmentir notícia publicada no dia anterior dando conta que estavam pensando em adotar um novo imposto para taxar as grandes fortunas. Dias depois, novo bate-cabeça. Eduardo Giannetti, seu principal conselheiro econômico, afirmou que "na medida em que a Petrobras foi aparelhada, causa incerteza em relação à capacidade dela, se não mudar de rumo, poder fazer com competência seu papel estratégico no modelo do pré-sal". Já para Bazileu Margarido, um dos coordenadores do seu programa de governo, a "Petrobras detém tecnologia de ponta para a exploração do pré-sal. A estatal é competente e competitiva para a tarefa".

Mais organizados e com larga experiência política, o comando petista continuava preparando novas ações para desconstruir a imagem de Marina. Achavam que poderiam explorar pontos considerados frágeis da opositora. Era uma manobra puramente eleitoreira. Não significava que a ex-senadora teria ou apoiaria determinadas posições político-econômicas. Não. O enfoque era pintar Marina como defensora de interesses antipopulares e obrigá-la a ter de responder que pensava justamente o inverso. Desta forma criava no eleitor – especialmente aquele pouco afeito à política – a impressão de que Marina era frágil, mal assessorada e que poderia fazer um governo em defesa dos interesses dos poderosos. Ao desmentir, por exemplo, que não iria acabar com o programa Bolsa Família, ficava no ar um sentimento de que se estava desmentindo, é porque teria chegado a pensar em fazê-lo.

Era assim que a máquina de triturar reputações funcionava e, aquele momento, estava obtendo bons resultados, considerados pelos petistas como essenciais para dar uma vantagem nas intenções de voto à Dilma para, aí sim, no segundo turno queimar todos os cartuchos usando da calúnia como principal instrumento de campanha. Porém, a corrupção na Petrobras continuava assombrando o petismo. Paulo Roberto Costa teria citado em depoimento à polícia e ao Ministério Público mais dois diretores da empresa que estariam envolvidos em desvios milionários e que eram ligados estreitamente ao PT. O curioso é que a Petrobras estava no centro da campanha, mas não da forma esperada pelo partido, diferentemente da eleição de 2006. Agora, quem queria a empresa longe dos holofotes eleitorais era o PT. Não para protegê-la, mas para esconder o verdadeiro mar de lama que passava pela empresa, símbolo do nacionalismo brasileiro.

Em 19 de setembro a campanha completava um mês de horário eleitoral. Naquele momento, a situação de Dilma era a mais difícil, mesmo liderando as pesquisas de intenção de voto para o primeiro turno. No momento da entrada de Marina na disputa, Dilma estava com 36% das intenções de voto, segundo o Datafolha (pesquisa de 14 e 15 de agosto), um mês depois permanecia praticamente no mesmo lugar: 37%.

Aécio, no mesmo período, tinha caído de 20 para 17%. E era o mais prejudicado nos últimos trinta dias. Marina era a grande vencedora: entrou na campanha com 21% e um mês depois saltou para 30%.

A troca de farpas e acusações empobreceu ainda mais a campanha. E as péssimas notícias econômicas não ganhavam o espaço necessário, o que favorecia a candidata oficial. Em agosto, em São Paulo, foram fechados 15 mil postos de trabalho. Comparando com agosto de 2013, a queda foi de 4%. A desconfiança dos empresários com o governo era maior a cada dia e, claro, influiu na paralisação de novos investimentos. Contudo, setores empresariais próximos ao governo continuavam recebendo atenções especiais. A concessão de crédito barato através do BNDES entre 2012 e 2015 foi estimada em R$ 79,7 bilhões. E na propaganda petista, era Marina que defendia os interesses dos banqueiros e do grande capital...

A transformação de todas as instâncias do Estado em aparelhos do PT se apresentou mais uma vez, agora no IBGE. A divulgação de uma pesquisa que identificava aumento das desigualdades sociais no país foi considerada errada. O governo protestou e o IBGE reviu os dados e apresentou outro quadro social de 2013: teria havido queda nos índices de desigualdade. A oposição atacou o recuo do IBGE e questionou a seriedade dos dados pesquisados e apresentados pelo instituto. Foi lembrado como na Argentina, após as gestões dos Kirchner, os institutos responsáveis pela coleta, análise e divulgação de dados acabaram desmoralizados pela manipulação governamental.

Uma investigação do Ministério Público da Bahia reapresentou ao país a nefasta relação do governo federal com ONGs, que, no governo petista, se transformaram em correias de transmissão do Estado e do partido. No caso, o Instituto Brasil serviu, segundo a denúncia, como um instrumento de repasse de recursos públicos, desviados de obras destinadas à população mais carente do sertão nordestino, e repassados a políticos petistas. Segundo a revista *Veja*:

> A engrenagem chegou a movimentar 50 milhões de reais desde 2004. O golpe era sempre o mesmo: o Instituto Brasil recebia os recursos, simulava a prestação do serviço e carreava o dinheiro para os candidatos do partido. Como os convênios eram assinados com as administrações petistas, cabia aos próprios petistas a tarefa de fiscalizar. Assim, se o acordo pagava pela construção de 1.000 casas, por exemplo, o instituto erguia apenas 100. O dinheiro que sobrava era rateado entre os políticos do partido.

No domingo, 21 de setembro, o jornal *O Globo* revelou que:

> O esquema montado por Alberto Youssef, preso na Operação Lava Jato, transferiu US$ 444,6 milhões (cerca de R$ 1,04 bilhão) para o exterior por

meio de operações fictícias de exportação e importação, concluíram peritos da Justiça Federal. Segundo as investigações, Youssef, que distribuía as propinas pagas por fornecedoras da Petrobras, utilizou seis empresas para simular negócios, enviando o dinheiro para contas mantidas em instituições financeiras de 24 países. [...] Essa quantia é apenas uma parte do volume de recursos que Youssef movimentou desde 2008, quando a Petrobras começou as contratações de bens e serviços para a refinaria Abreu e Lima, em Pernambuco. As empresas negociavam contratos com Paulo Roberto Costa, então diretor de Abastecimento da estatal.

Todo esse dinheiro desviado foi – ao menos, parte dele – destinado à campanha eleitoral de 2014, especialmente para a eleição presidencial e para o Congresso Nacional. O PT foi o partido que mais recebeu "doações". Até setembro tinha recolhido R$ 306 milhões. Além disso, para a campanha presidencial, arrecadou mais R$ 123,8 milhões, Aécio recebeu R$ 44 milhões e Marina apenas R$ 22,2 milhões, seis vezes menos que Dilma. No caso da petista, os maiores doadores eram empresas que dependiam de obras do governo federal e outras que receberam generosos empréstimos bancários, principalmente do BNDES. Mesmo assim, o PT continuava tentando carimbar em Marina Silva a pecha de candidata do grande capital.

Como havia virado praxe, Dilma transformou o Palácio da Alvorada aos domingos em seu comitê eleitoral. No dia 21 deu, naquele local, mais uma entrevista coletiva. O pretexto era expor sua viagem aos Estados Unidos, onde falaria na abertura da Assembleia Geral da Organização das Nações Unidas. A presidente foi fotografada com uma "cola", com instruções de sua assessoria de como deveria responder às perguntas, revelando, mais uma vez, sua inépcia para simplesmente expor a posição do governo sobre qualquer tema.

Curiosamente, foi o presidente do Tribunal Superior Eleitoral, ministro Dias Toffoli, que acabou se manifestando, em entrevista à revista *Época*, sobre o uso pela candidata da residência oficial:

> Sobre as entrevistas nos finais de semana no Palácio da Alvorada, não me manifestarei porque, até onde sei, não houve representação ao TSE.

Em outros casos de uso do Alvorada, como uma entrevista pelo Facebook dada por ela, votei a favor da procedência da representação para impedir que isso ocorra novamente, e da aplicação da multa. Usar símbolos de poder num ato de campanha é algo que a legislação não permite. A biblioteca do Palácio do Alvorada, no meu entender, é um símbolo de poder. Para falar de suas obras e projetos, ela dispõe do horário eleitoral gratuito e dos comícios, das carreatas e das reuniões públicas. Outra coisa é usar os locais próprios do Estado como um símbolo que a diferencia dos outros candidatos. Essa é uma vantagem indevida.

Finalmente, em 21 de setembro, o coordenador jurídico da campanha de Aécio, o deputado Carlos Sampaio, comunicou que iria acionar o TSE. Ciente disso, Dilma, bem ao seu estilo, declarou que respeitava "muito" a posição do presidente do Tribunal: "Só quero lembrar que todos os meus antecedentes usaram o Palácio. Até porque, caso contrário, serei uma sem-teto. Não terei onde dar entrevista".

Em meio às ilegalidades, que, a bem da verdade, ocorreram em outras eleições, algumas teses proclamadas no início da campanha estavam, na prática, se revelando equivocadas. A mais conhecida era a necessidade de fortes palanques estaduais para que decolasse a candidatura presidencial. Marina tinha pelo Brasil palanques considerados frágeis, mesmo assim alcançava nos mesmos estados bons resultados nas pesquisas de intenções de voto. Aécio, que tinha fortes aliados em estados importantes, não conseguia obter a transferência desses votos para a sua candidatura. O PSDB liderava em São Paulo, mas apenas 25% dos eleitores de Alckmin votavam nele; na Bahia, Paulo Souto liderava folgadamente, mas Aécio tinha conquistado, até aquele momento, 18% dos eleitores da chapa DEM-PSDB. Em Goiás, Marconi Perillo estava à frente das pesquisas, mas apenas 26% dos seus seguidores tinham escolhido Aécio. Dilma era aquela que, mesmo onde o seu candidato a governador não ia bem, conseguia obter os melhores resultados e sua vantagem era, em grande parte, advinda do poder eleitoral do governo federal.

De acordo com dados do Ibope, Dilma liderava em dezesseis unidades da Federação; Marina, em cinco (Acre, Distrito Federal, Espírito Santo, Goiás e São Paulo); em seis deles havia empate técnico, dos quais apenas em dois Aécio rivalizava com Dilma: Minas Gerais e Paraná. Assim, das 27 unidades federativas, Aécio não liderava em nenhuma.

A disputa estava resumida a três candidatos. Do Pastor Everaldo ninguém mais lembrava, nem seus possíveis eleitores, que migraram para apoiar Marina Silva. Aécio lutava desesperadamente para passar ao segundo turno. Intensificou o ritmo de campanha, mas a cada dia sua situação ficava mais complicada, pois, até aquele momento, dificilmente alcançaria Marina. A recente ascensão de alguns pontos nas pesquisas não representou para ele uma alteração real do quadro eleitoral. No entanto, os próximos dias seriam decisivos para a sua campanha.

Marina permanecia no trabalho de formiguinha. Percorria durante um mesmo dia vários estados. Tinha começado a campanha a apenas um mês e não tinha os recursos e a estrutura partidária dos outros dois concorrentes, especialmente dos petistas. Tinha de resistir aos ataques de Dilma e Aécio e chegar ao segundo turno em condições competitivas, para então estabelecer alianças com o objetivo de não só vencer as eleições, mas também de construir sustentabilidade ao seu governo.

Dilma pretendia manter e, se possível, ampliar a liderança no primeiro turno usando toda a estrutura do partido e do governo. Os ataques dirigidos à candidata do PSB deveriam ser ampliados, pois o comando da sua campanha considerou a tática eficiente. Mas o maior temor dos petistas eram os efeitos que as novas revelações dos escândalos da Petrobras poderiam ter no ânimo dos eleitores.

A campanha já tinha derrapado no mais puro tradicionalismo, dos ataques pessoais e das calúnias. As promessas de um debate programático foram esquecidas. A preocupação com o pensamento das ruas – as chamadas "jornadas de junho de 2013" – era coisa do passado. A velha política tomou conta sozinha do espetáculo. Os marqueteiros assumiram o primeiro plano – e nada pior para a política quando isso ocorre. E para o primeiro turno ainda faltavam duas semanas.

CAPÍTULO 9

Eleição sem política

A campanha presidencial entrava na reta final sem que os eleitores tivessem conhecimento dos programas de governo dos candidatos, excetuando Marina Silva. Isso era um indicador de como se desenvolveu o processo eleitoral. Marina era criticada por Aécio e Dilma pela adaptação do seu programa de acordo com as circunstâncias. Curiosamente, os dois ainda não tinham apresentado seus programas. Ou seja, evitaram algum tipo de dano advindo da exposição programática e atacaram a adversária justamente por expor programaticamente suas propostas.

Em meio ao tiroteio ideológico, Marina declarou que "a sociedade não pode assinar um cheque em branco". Dilma respondeu tergiversando a questão: "Num dia você [Marina] defende uma coisa e no outro defende outra. Quem muda de programa toda hora como muda de casaco, não é culpa do programa. A culpa é de quem muda". Aécio pegou carona e criticou as duas: "Temos, de um lado, uma candidata que mente, como mentiu dizendo que seus adversários iam acabar com os programas sociais, e, do outro lado, uma candidata que se desmente o tempo inteiro, haja vista seu programa de governo, que parece ter sido feito a lápis".

A grande questão é que o eleitor brasileiro não tinha tradição de se interessar por programa de governo. Este era um tema caro à elite político-empresarial e aos jornalistas – pois dava boas pautas a serem exploradas durante o processo eleitoral. O máximo que o eleitor médio atingia era a diferenciação entre breves ideias dos candidatos, além da ligação meramente emocional com o postulante ao cargo de presidente da República. E neste campo o PT era, até aquele momento, imbatível, conseguindo transmitir ao eleitor algumas ideias-força, simples, claras e demonizando o adversário, também de forma direta e facilmente compreensível.

Em 23 de setembro, a notícia de que o doleiro Alberto Youssef estaria disposto a fazer a delação premiada criou um enorme mal-estar no governo. O doleiro teria sido pressionado pela família e temia ser condenado a muitos anos de prisão. Afinal, era réu em doze ações penais – em uma delas já tinha sido condenado a quatro anos e quatro meses de prisão. Com a delação premiada, poderia cumprir apenas três anos de detenção em regime fechado. Youssef era velho conhecido da justiça. Em 2004, beneficiou-se da delação premiada após ser preso e acusado de lavar US$ 5 bilhões. Pagou uma multa e foi solto.

O doleiro almejava seguir o caminho de Paulo Roberto Costa, porém o esquema de corrupção que organizou tinha ramificações muito mais extensas do que o do Paulinho do Lula. Youssef teria movimentado R$ 10 bilhões em operações em quatro bancos: Bradesco, Banco do Brasil, Itaú e Santander. Um operador de câmbio detido na Operação Lava Jato disse à Justiça Federal em depoimento que o grupo movimentava por dia US$ 300 mil. O mais estranho é que o sistema de fiscalização do Banco Central nunca tenha observado e fiscalizado operações de grande vulto, como determina a legislação. Segundo a denúncia, três partidos estavam envolvidos: PT, PMDB e PP.

As atenções acabaram se concentrando na divulgação da pesquisa Ibope. Esperava-se que depois dos violentos ataques perpetrados pela massiva propaganda petista, Marina seria afetada nas intenções de voto. E foi o que ocorreu. Para o primeiro turno, Dilma saltou de 36 para 38%, Marina caiu de 30 para 29% e Aécio permaneceu com 19%. E para o segundo turno, Marina estava empatada com Dilma, ambas com 41%.

A campanha negativa estava tendo êxito. Marina havia atingido o pico de 33% das intenções de voto em 3 de setembro e nas três pesquisas posteriores do Ibope foi caindo para 31%, 30%, até chegar aos 29%. Eram quedas relativamente pequenas, mas para os petistas, o importante era que o crescimento havia sido estancado, inclusive no segundo turno (caiu de 46 para 43% nos levantamentos anteriores). E Dilma vinha em um movimento distinto no mesmo período, saindo de 37%, foi para 39% – seu pico –, caiu para 36% e subiu para 38%. Aécio saiu dos 15%, teve um crescimento de quatro pontos, chegando a 19%, mas parou por aí.

O curioso é que, de acordo com a pesquisa, 74% dos entrevistados desaprovavam a troca de ofensas entre os candidatos. Ou seja, a maioria não considerava ofensa os ataques contra Marina. Portanto, identificavam a propaganda petista como representação do real, o que era ruim para a ex-senadora. Dilma continuava muito bem no Nordeste: 51% das intenções de voto – Marina caiu de 29 para 22% em uma semana. A petista era a mais votada entre os católicos (42%), mas perdia para Marina entre os evangélicos (de 38 a 32% das intenções de voto). Entre os mais pobres com renda de até um salário mínimo, Dilma subiu cinco pontos e chegou a 51%, enquanto a ex-senadora perdeu cinco pontos, indo de 37 para 32%. Outro dado interessante é que os que votariam branco ou nulo cresceram de 8 para 12%.

Aécio Neves era o que estava em situação mais complicada. Tinha atacado mais Marina do que Dilma. Inconscientemente estava servindo como linha auxiliar do PT. Até uma crítica que fizera a Marina, dizendo que o programa tucano (que ainda não tinha sido divulgado) seria escrito à caneta e não a lápis, como o da candidata do PSB, foi usada pelo PT no horário eleitoral. A peça exibia uma frase que dizia que o pré-sal não era prioridade, a qual, em seguida, era apagada com uma borracha; uma voz em *off* declarava: *"Se como candidata Marina mudou de opinião diversas vezes, imagina o que aconteceria se ela fosse presidente? Para ser presidente, é preciso ter firmeza em seus compromissos, não escrever programa de governo a lápis. Quem sempre volta atrás, nunca vai pra frente".*

O tucano se viu numa saia justa ao ser entrevistado pelo telejornal *Bom Dia Brasil*, quando acabou voltando atrás no que dissera dias antes a respeito do fator previdenciário. Negou ter dito que acabaria com o cálculo. "Essa afirmação que você leu não existe. Eu não disse que vou acabar com o fator previdenciário", esclareceu à apresentadora. Afirmou ter assumido compromisso de substituí-lo por outro modelo "que penalize menos a renda dos aposentados brasileiros e, ao mesmo tempo, respeite a responsabilidade fiscal". O déficit da Previdência Social era fantástico. Em 2012 alcançou R$ 40 bilhões, saltou para R$ 49 bilhões em 2013 e deveria chegar a R$ 55 bilhões em 2014, pouco mais de 1% do PIB. Não era possível ignorá-lo ou resolvê-lo magicamente. Foi mais um erro estratégico da campanha. Colocou em pauta um tema incômodo para Aécio e que não agregaria nenhum apoio político relevante.

Em Minas Gerais, a situação de Aécio continuava muito difícil. O que se esperava, segundo a ótica tucana, era uma vitória na eleição presidencial por larga margem de votos. Não era o que estava ocorrendo. Segundo o Ibope, Dilma estava com 32% das intenções de voto e ele com 31%. O seu candidato ao governo do estado não decolava e, de acordo com as pesquisas, Fernando Pimentel poderia ser eleito no primeiro turno. Aécio até apelou para o regionalismo mineiro: "Posso ser presidente da República em nome de Minas, da nossa história, dos nossos valores. Nunca precisei tanto de Minas e dos mineiros como preciso agora. Preciso do seu apoio, da sua solidariedade, para juntos governarmos o Brasil".

O eleitor mineiro era o menos culpado. Afinal, em 2008, na eleição para a prefeitura de Belo Horizonte, Aécio foi o principal articulador de uma ampla aliança entre o PSDB, PT e PSB. Dizia que desejava criar "um novo ambiente" e enfrentar a polarização PT e PSDB. Apareceu na propaganda no horário eleitoral daquela eleição ao lado de Pimentel, apoiando Márcio Lacerda, do PSB. Chegaram a fazer um jogral explicando ao eleitor as razões para votar em Lacerda. Como resultado, não ficou claro para o eleitor porque os três partidos, na eleição de 2014, tinham candidatos distintos para a Presidência da República e para o governo estadual. A estratégia aecista de diluir as diferenças entre os três partidos na esfera local estava, para ele, custando muito caro.

Com dificuldade para fechar as contas, o governo resolveu utilizar R$ 3,5 bilhões do Fundo Soberano – que foi criado em 2008 justamente para momentos difíceis. Marina aproveitou para criticar o governo: "O uso dos recursos do fundo para a socorrer as contas públicas é uma demonstração clara de que o atual governo está comprometendo a estabilidade econômica do nosso país". Dilma respondeu: "Para que se faz um Fundo Soberano? É uma coisa muito simples. Nas vacas gordas, você tem dinheiro. Nas vacas magras, você tem menos dinheiro". Quem mais se preocupou com a utilização do fundo foi o Banco do Brasil, isto porque a maior parte dos recursos estavam aplicados em ações do banco. Uma venda em massa desses ativos levaria a uma queda considerável no valor das ações – por dia, eram negociadas em média R$ 200 milhões de ações do banco.

A polarização Marina-Dilma estava estabelecida há mais de um mês e nada indicava, a doze dias da eleição, que sofreria alguma mudança. E as duas novamente se enfrentaram ao debater, pela imprensa, o desmatamento da Amazônia. Para Marina, "quando o governo com políticas erráticas retrocede em relação a processos que vêm sendo encaminhados há muito tempo para que se tenha uma agenda de desmatamento zero, isso é um grande retrocesso". Dilma respondeu sempre no seu estilo confuso de se expressar:

> O que estou dizendo é que nós, ao contrário, caímos [a taxa de desmatamento]. Se ela [Marina] está dizendo que não está caindo, ela está mentindo. Nós caímos, tanto no governo Lula em relação ao FHC, quanto no meu caiu em relação ao governo Lula. Ninguém pode ficar estacionado.

A campanha a pouco mais de uma semana do primeiro turno continuava vivendo das escaramuças arquitetadas pelo PT. A pobreza de ideias no processo eleitoral era evidente. E as agendas dos candidatos tentavam criar fatos políticos com base no nada, no vazio. Dilma viajou aos Estados Unidos para discursar na ONU na abertura da 69ª Assembleia Geral. A presidente confundiu uma reunião de fórum internacional com um espaço de campanha eleitoral. Passou a maior parte do tempo listando as supostas realizações do seu governo, tema fora da agenda da reunião e absolutamente desinteressante para 120 chefes de Estado que ouviram – sem entender – a presidente dissertar sobre aumento dos salários, redução da desigualdade social e até combate à corrupção. Foi um pronunciamento de candidata e não de presidente. E mais uma vez a estrutura da Presidência da República foi utilizada como apêndice do comitê de campanha petista, tudo pago, obviamente, pelo contribuinte brasileiro.

Mas pior a presidente fez ao expor a posição do governo brasileiro sobre os bombardeios contra as bases do grupo terrorista Estado Islâmico na Síria, realizado por uma coalização internacional liderada pelos Estados Unidos. Dilma sustentou: "O Brasil sempre vai acreditar que a melhor forma é o diálogo, o acordo e a intermediação da ONU". A presidente igualou um grupo terrorista – que já tinha cometido inúmeras violações aos direitos humanos e divulgado seus "feitos" pela internet – aos governos legitimamente constituídos. Pouco mais tarde, o presidente americano Barack Obama respondeu aos defensores da negociação com o grupo terrorista: "Devemos rejeitar o cinismo e a indiferença quando se trata de questões humanas. Nada justifica esses atos. Não pode haver negociação. A única linguagem compreendida por assassinos como esses é a da força".

Dilma continuava na ofensiva. Todas as declarações públicas eram de ataque frontal a Marina. Assessores da candidata do PSB tinham dito que em 2015 seria necessário ao país um grande ajuste fiscal. Isto bastou para a petista refazer o sentido da frase: "Choque fiscal é um baita ajuste no qual se corta tudo para pagar juros para bancos? Se você vai ampliar alguns mecanismos, tem de explicar: vai cortar o quê? Vai cortar o Bolsa Família? Vai cortar subsídios para o Minha Casa, Minha Vida?".

Apesar das dificuldades de comunicação da candidata petista – continuava sendo uma péssima oradora –, as frases curtas preparadas pela coordenação da campanha e elaboradas pela equipe de marketing continuavam deixando Marina em situação difícil frente ao eleitorado. Desta vez ocorreu a possibilidade de um ajuste fiscal – e todos os candidatos consideravam a necessidade desta medida – ser transformado em corte de programas assistenciais para a população de baixa renda, que, evidentemente, responderia ao boato votando na petista.

Por outro lado, Marina tinha um farto material de denúncias apresentadas pela imprensa, especialmente da Petrobras, e não sabia como utilizá-lo na disputa eleitoral. No dia 26 de setembro, o jornal *O Globo* revelou que Dilma, desde 2009, ainda quando era ministra da Casa Civil, tinha tomado conhecimento de irregularidades na construção da refinaria Abreu e Lima. E as acusações referiam-se à fase inicial da refinaria, a da terraplanagem, em que havia um superfaturamento de R$ 59 milhões.

Dilma encaminhou burocraticamente as denúncias para a Controladoria Geral da União, que arquivou o caso.

À noite, a divulgação da nova pesquisa Datafolha apresentou um resultado esperado frente aos violentos ataques sofridos por Marina, tanto de Dilma como de Aécio. Dilma saltou, no primeiro turno, para 40% das intenções de voto. Desde o final de agosto estava em linha ascendente: saiu de 34 para 35%, depois para 36%, aumentou mais um ponto e chegou aos 40%, um crescimento de seis pontos em quase um mês. Marina vinha numa linha de queda desde o início de setembro, quando estava com 34% das intenções de voto, teve uma queda para 33%, depois para 33% e agora para 27%. Em pouco mais de duas semanas caiu seis pontos. Aécio saiu no início de setembro com 15%, continuou com 15%, passou para 17% e atingiu 18%. No mesmo período em que Marina perdeu sete pontos, Aécio ganhou quatro e Dilma cinco pontos. Ou seja, quem ganhou foi Dilma e quem perdeu foi Marina. E Aécio? Continuou como coadjuvante, no fundo da cena, sem ocupar espaço no palco. E, ajudando o PT com os ataques à candidata do PSB.

Segundo o Datafolha, no segundo turno – que na pesquisa anterior dava Marina com 46% das intenções de voto e Dilma com 44% – houve uma inflexão. Dilma saltou para 47% e Marina caiu três pontos, ficando com 43%. A rejeição de Dilma ainda era a maior, mas vinha caindo (31%); já a de Marina alcançou 23%, mais que o dobro da revelada na primeira pesquisa em que aparecia como candidata (11%). Era um claro sinal de que os ataques da propaganda petista estavam obtendo excelentes resultados eleitorais.

Estava claro que a estratégia da campanha de Dilma estava eleitoralmente correta. O eleitor de menor renda, baixo nível de escolaridade e pouco afeito às questões políticas acabou recebendo bem os ataques petistas contra Marina Silva. Na pesquisa da semana anterior, entre o eleitorado de dois a cinco salários mínimos, as duas candidatas estavam empatadas. A desconstrução de Marina deu resultado: Dilma abriu uma vantagem de sete pontos: 37 a 30% no primeiro turno. E este eleitorado era estimado em 40% do total de votantes. No Nordeste, a vantagem que já era grande, de treze pontos, saltou para 26 pontos: Dilma vencia Marina de 59 a 33%.

Em São Paulo, onde estava indo muito bem, a ex-senadora perdeu seis pontos, mesmo assim permanecia à frente: 34 a 27% – e quem cresceu foi Aécio, saltando seis pontos e chegando a 22%. O curioso é que mesmo em Minas Gerais Aécio ainda não tinha conseguido ultrapassar Dilma. Tinha 29% das intenções de voto e Dilma liderava bem à frente com 36%; Marina estava bem atrás, com 19%. E entre o eleitorado mais jovem – tão importante em um país como o Brasil – Marina perdeu a liderança: estava com 32% e Dilma com 36%.

A propaganda terrorista levou o eleitorado a considerar e identificar Marina com a imagem produzida pela propaganda petista. E só os "sonháticos" ainda não tinham entendido que uma "campanha de paz" os conduziria à derrota. Ainda estava em tempo de mudar de rumo. A pergunta que ficava no ar é como a campanha socialista iria responder às calúnias petistas, manter uma campanha propositiva e atacar politicamente Dilma e Aécio? Na mesma semana, em entrevista à revista *Época*, Marina não deu mostras de que compreendia o que estava acontecendo:

> Nossa campanha será mediada pela ética. Não vamos para o marketing selvagem, usado hoje no primeiro turno e que, provavelmente, será usado no segundo turno. Não fará parte do nosso repertório. Não é parte do meu acervo de experiência e de vida.

Marina estava sofrendo um bombardeio nunca visto nas eleições da história do Brasil Republicano. Não tinha uma equipe de campanha que tivesse a experiência de um jogo pesado. Tinha de enfrentar especialistas em guerra ideológica que conheciam a fundo como ganhar politicamente o apoio popular. Do lado petista, Marina era considerada uma ingênua. Como agir segundo os ditames de uma cultura de paz em um processo eleitoral que combinava técnicas de desconstrução do adversário de viés nazista com tinturas bolcheviques?

O que chamava mais a atenção era a dificuldade de Marina cair na real. Estava sendo atacada pelo petismo, mas mantinha uma visão sobre alianças políticas muito próxima dos primórdios do PT. Rechaçava – e o fez diversas vezes quando Eduardo Campos estava construindo os palanques estaduais para viabilizar a sua candidatura – o estabelecimento de alianças eleitorais com o que chamava de velha política. Só que incluía nesta definição políticos que tinham percorrido um caminho marcado pela ética e respeito à coisa pública, e que estavam distantes do figurino dos antigos oligarcas.

O caso de São Paulo era exemplar. Na mesma entrevista à revista *Época*, afirmou:

> Você olha para um estado como São Paulo e não vê uma renovação das lideranças. A novidade que tivemos recentemente foi a candidatura Haddad, mas, nos últimos vinte anos, os mesmos quadros se repetiram. A alternância de poder na democracia é fundamental. Não apenas de um partido em relação ao outro, mas também internamente nos partidos.

Marina não entendia o processo político paulista. Recordar a eleição de Haddad como novidade era um erro básico. O próprio PT atribuía à impopularidade do prefeito paulistano parte do fracasso eleitoral de Padilha e das intenções de voto em Dilma na capital paulista. Por outro lado, as pesquisas davam a Alckmin uma vitória confortável no primeiro turno – e era a terceira vez consecutiva que o PSDB vencia a eleição para o governo sem a necessidade do segundo turno, isto em um estado que era considerado pelo PT como máxima prioridade política.

A última manobra conhecida do petismo contra Marina foi arquitetada pelo secretário nacional de Justiça, Paulo Abrão. Ele foi pessoalmente à sede da Polícia Federal, em Brasília, pedir informações de um inquérito que investigava supostas irregularidades na pasta do Meio Ambiente quando Marina foi ministra. O detalhe é que o inquérito tinha sido arquivado em 2012, pois não foi encontrada nenhuma irregularidade.

O PT estava transformando a adversária em uma fanática religiosa, incapaz e sem poder de decisão. Precisaria, segundo os petistas, consultar o pastor para tomar qualquer tipo de ação. E Marina tinha dificuldade de explicar que havia uma enorme diferença entre ler a Bíblia – como qualquer cristão – e pautar a ação política segundo os ditames do seu conselheiro espiritual. A ex-senadora tentava, com dificuldade, responder a avalanche de ataques: "Vocês sabem que jamais fiz isso. Conheço pessoas que não professam nenhuma fé e que são mais éticas do que outras que arrotam a fé todo dia". E continuou: "Algumas pessoas têm a visão equivocada de que, pelo fato de ser evangélica, eu iria transformar os púlpitos das igrejas em palanques ou transformar os palanques em púlpitos".

 O quadro para as eleições dos governos estaduais estava se definindo. À exceção de Minas Gerais – onde Fernando Pimentel continuava liderando com relativa folga –, a situação do PT era desconfortável. Em São Paulo, Alckmin deveria vencer no primeiro turno e Alexandre Padilha continuava patinando nas pesquisas sem atingir sequer dois dígitos. No Rio de Janeiro, era provável a ida de Pezão (PMDB) ao segundo turno, e a disputa limitava-se à definição do seu adversário (Garotinho ou Crivella), mas parecia certo que o petista Lindbergh Faria já era carta fora do baralho.

 Na Bahia, quarto maior colégio eleitoral do país, Paulo Souto (DEM) mantinha a liderança e poderia até vencer no primeiro turno. No Paraná, Beto Richa (PSDB) ensaiava uma reeleição consagradora e a petista Gleisi Hoffmann mantinha o terceiro lugar com menos de ¼ das intenções de voto de Richa. No Distrito Federal, o PSB liderava com Roberto Rollemberg, que se distanciava do petista Agnelo Queiroz, candidato à reeleição. Em Pernambuco, Paulo Câmara (PSB) estava se distanciando de Armando Monteiro (PTB), que era apoiado pelos petistas. No Rio Grande do Sul, uma boa notícia para o PT: Tarso Genro, candidato à reeleição, cresceu quatro pontos na pesquisa e estava empatado com Ana Amélia (PP) com 31%.

 No domingo, 28 de setembro, a campanha petista divulgou pela televisão uma propaganda de trinta segundos contra Marina. Mas foi mais que um *spot*: foi o ataque mais violento contra a ex-senadora até aquele momento. Na tela, aparecia uma imagem de Marina. Uma voz em *off* lia um trecho destacado de uma matéria do jornal O Globo em que Marina dizia que "não quer ser eleita em cima de uma mentira". Em seguida, a candidata do PSB aparecia respondendo a uma pergunta de Aécio Neves no debate da Band, em 26 de agosto de 2014: "Quando foi a votação da CPMF, ainda que o meu partido fosse contra, em nome da saúde, em nome de respeitar os interesses dos brasileiros, eu votei favorável, mesmo sendo do seu governo, o PSDB". O narrador retomava sua fala e apresentava documentos do Senado com a votação da ex-senadora: "Os documentos do Senado registram a verdade. Marina fez duas vezes o contrário do que diz. Mudar de opinião, ainda vá lá... Agora, falar que fez o que não fez, isso tem outro nome".

Com tanta violência, o debate programado para a Rede Record foi muito esperado. O debate começou mal. Luciana Genro fez a primeira pergunta para Dilma. Antes de responder, a presidente, com forte maquiagem, nervosa como sempre, procurou em um volume impresso, que a acompanhou em todos os debates, dados corriqueiros para comentar uma simples pergunta sobre os aposentados. Logo depois, a própria Dilma fez uma pergunta para Marina. Outra vez leu o que ia falar. E pior: quando teve direito a réplica, o fez novamente lendo sua "cola".

Foi um debate pobre de ideias. A presença dos candidatos nanicos criou – como em outras vezes – dificuldade para o estabelecimento de uma boa dinâmica. Perguntavam e respondiam como se tivesse alguma chance de chegar a 1% dos votos. Se destacaram por afirmações sem sentido ou por algum ato de grosseria. Dilma foi colocada contra a parede com perguntas sobre os escândalos da Petrobras. Fez de tudo para demonstrar que foi a primeira a tomar providências quando soube das denúncias:

> Uma coisa tem que ficar clara. Quem demitiu o Paulo Roberto fui eu. A Polícia Federal do meu governo investigou todos esses malfeitos, esses crimes, esses ilícitos. E eu sou a única candidata que apresentei propostas concretas de combate à corrupção, principalmente à impunidade. Como, por exemplo, tornar o crime de caixa dois um crime eleitoral.

Esqueceu de dizer que o mesmo Paulo Roberto Costa foi um dos convidados especiais para o casamento da sua filha em Porto Alegre. Ironicamente, neste dia Dilma trajava um elegante vestido cor azul-petróleo.

Marina teve enorme dificuldade para responder algumas indagações de Dilma. A presidente perguntou porque a adversária não reconhecia que tinha votado quatro vezes contra a aprovação da CPMF. Ela respondeu que tinha votado a favor quando a CPMF estava vinculada à composição do Fundo de Combate à Miséria, o que era verdade. Contudo, quando a votação foi exclusiva sobra a criação da CPMF, ela votara contra. Não ter esclarecido este fato logo após o *spot* petista alardear que ela mentia, enfraqueceu e desestabilizou a candidata. No debate, ela poderia ter deixado clara a sua posição, mas não o fez. E perdeu pontos.

    A troca de acusações entre os principais candidatos não permitiu que o debate fosse proveitoso. Eles tiveram dificuldade em responder no tempo estipulado pelos organizadores e diversas vezes foram interrompidos por terem estourado o tempo das respostas. Ficava mais uma vez patente que o formato dos debates deveria ser alterado, mas o problema maior era a legislação eleitoral, que obrigava a presença dos partidos nanicos que tivessem representação no Congresso. O PRTB era um bom exemplo: elegeu dois deputados federais em 2010, mas em 2014 não tinha mais nenhum. Mesmo assim, Levy Fidelix esteve em todos os debates. Não tinha o que dizer. Improvisava suas falas. Uma delas, pronunciada no debate da Record, causou grande polêmica:

> Tenho 62 anos. Pelo que eu vi na vida, dois iguais não fazem filho. E digo mais. Digo mais. Desculpe, mas aparelho excretor não reproduz. É feio dizer isso, mas não podemos, jamais, gente, eu que sou um pai de família e um avô, deixar que tenhamos esses que aí estão achacando a gente no dia a dia, querendo escorar essa minoria à maioria do povo brasileiro. Como é que pode um pai de família, um avô, ficar aqui escorado? Porque tem medo de perder voto. Prefiro não ter esses votos, mas ser um pai, um avô, que tem vergonha na cara, que instrua seu filho, que instrua seu neto. E vamos acabar com essa historinha. Eu via um padre, o santo padre, o papa, expurgar, fez muito bem, do Vaticano um pedófilo. Está certo. Nós tratamos a vida toda com a religiosidade para que nossos filhos possam encontrar, realmente, um bom caminho familiar. Então, Luciana [estava respondendo a uma questão da candidata do PSOL], lamento muito. Que façam um bom proveito que querem fazer e continuar como estão. Mas eu, presidente da República, não vou estimular. Se está na lei, que fique como está. Mas estimular, jamais, a união homoafetiva.

E concluiu:

O Brasil tem duzentos milhões de habitantes. Se começarmos a estimular isso daí, daqui a pouquinho vai reduzir para cem. É... Vai para a Paulista e anda lá e vê. É feio o negócio, né? Então, gente, vamos ter coragem somos maioria. Vamos enfrentar essa minoria. Vamos enfrentá-los, não ter medo. Dizer que sou pai, mamãe, vovô. E o mais importante é que esses que têm esses problemas realmente sejam atendidos no plano psicológico e afetivo, mas bem longe da gente. Bem longe, mesmo, porque aqui não dá.

Outro fator era a pobreza ideológica dos candidatos – e aí não haveria legislação que conseguisse resolver este problema. Em debates deste tipo os partidos e os candidatos demonstravam a fragilidade dos programas e a indefinição no campo das ideias. A ideologia estava presente em um ou outro partido nanico, mas aí de forma caricata, descolada da realidade, reforçando o estereótipo de que a clara definição ideológica não era necessária. E, sem ideias, a eleição foi se arrastando no mero embate pessoal e no denuncismo – necessário, claro, mas insuficiente para definir os rumos do país.

CAPÍTULO 10

O dia 5 de outubro

A última semana da campanha do primeiro turno começou com Marina ferida pelos ataques petistas. A direção da campanha estava imobilizada. Não sabia como responder às calúnias da propaganda eleitoral de Dilma. A ex-senadora demonstrou inexperiência e absoluta falta de capacidade de reação política. A candidata saíra do PT em 2009, mas o partido ainda não tinha saído dela. Marina não esperava ser atacada como foi e, desorientada, não soube responder ao jogo pesado da artilharia dirigida pelo marqueteiro de Dilma, João Santana.

A pessebista teve dificuldade de retrucar de imediato às acusações, especialmente aquela de que teria votado contra a Contribuição Provisória sobre as Movimentações Financeiras (CPMF). Em 1995, ela realmente votou duas vezes contra a Proposta de Emenda Constitucional (PEC) que criou a CPMF. No ano seguinte, votou favoravelmente à lei que regulamentou a criação da contribuição. Em 1999, novamente votou contra a prorrogação da contribuição, e no ano seguinte, manteve o voto contra a aplicação dos recursos da CPMF no Fundo de Combate à Pobreza. Mas em 2001 votou favoravelmente à regulamentação do fundo.

Marina não compareceu à sessão que aprovou a renovação da CPMF em 2002, e cinco anos depois, quando a contribuição foi derrubada pelo

Senado, ela estava licenciada – era a ministra do Meio Ambiente. Ela não conseguiu explicar devidamente as discordâncias que tinha com o PT à época, tampouco as distinções entre as votações. Não era tarefa fácil justificar sua posição, mas caso tivesse conseguido expô-las a tempo, certamente teria minimizado o efeito eleitoral negativo.

Na noite de terça feira, 30 de setembro, foi divulgada mais uma pesquisa Datafolha. Dilma mantinha a dianteira com 40% das intenções de voto, Marina ficou em segundo, mas caiu dois pontos: 25%. Aécio continuava em recuperação e cresceu outros dois pontos: 20%. Para o segundo turno, Dilma se distanciou ainda mais de Marina: venceria por 49 a 41% (na última pesquisa, a diferença era de quatro pontos). A petista vencia em todas as regiões (ao contrário da pesquisa anterior); particularmente no Nordeste, ganhava de goleada: 56% das intenções de voto. O Sudeste era a região onde o equilíbrio era mais acentuado entre os candidatos: Dilma tinha 30%, Marina 29% e Aécio 25% das intenções de voto. Em votos válidos, Dilma alcançou o total de 45% – e novamente os petistas voltaram a propagar que poderiam vencer no primeiro turno.

O Ibope também apresentou sua pesquisa. Não diferia muito da feita pelo Datafolha. Dilma liderava com 39% das intenções de voto, Marina estava com 25% e Aécio com 19%. Para o segundo turno, deu uma margem menor para a vitória de Dilma sobre Marina: 42 a 38%. Nas pesquisas estaduais, o quadro nos três principais colégios eleitorais era quase o mesmo. Em São Paulo, Alckmin venceria no primeiro turno, assim como em Minas Gerais, Pimentel era o grande favorito (mantinha vinte pontos de diferença contra Pimenta da Veiga). No Rio de Janeiro, Pezão tinha saltado para 31% das intenções de voto e Garotinho permanecia em segundo, mas caindo de 26 para 24%.

Em meio às pesquisas, passaram quase despercebidas as péssimas notícias econômicas – dados que poderiam ser explorados eleitoralmente pelos oposicionistas, mas foram ignorados. As contas públicas apresentaram em agosto um déficit de R$ 14 bilhões, o quarto resultado mensal negativo consecutivo. E a meta de superávit primário – de 1,9% do PIB, considerada baixa – dificilmente seria atingida, pois até agosto o resultado acumulado era de 0,3%.

E o suspense sobre as denúncias apresentadas por Paulo Roberto Costa continuava. Costa teria reconhecido que os ativos que seriam devolvidos à União no valor de US$ 25,8 milhões (além de uma lancha, um terreno e um carro) e pouco mais de R$ 1,2 milhão apreendido em espécie eram "integralmente produto de atividade criminosa". De acordo com o ministro Teori Zavascki, que homologou o acordo de delação premiada, "foi possível identificar um conjunto de pessoas físicas e jurídicas envolvidas em operações ilícitas, entre as quais as utilizadas inclusive para lavar dinheiro oriundo de crimes antecedentes praticados em detrimento da Petrobras". E concluiu o ministro: "há elementos indicativos de possível envolvimento de várias autoridades detentoras de prerrogativa de foro perante tribunais superiores, inclusive de parlamentares federais, o que atrai a competência do STF".

Também passou quase despercebida a auditoria realizada pelo Tribunal de Contas da União que apontou um rombo de R$ 61 bilhões no setor elétrico referente à redução das contas de energia elétrica em 2011, efetuada pelo governo federal e apresentada à época como revolucionária e que traria benefícios aos consumidores. Os custos adicionais deveriam ser pagos pelos contribuintes, pois o sistema elétrico estava imerso em dívidas e sem capacidade de investimento. Tal cenário ocorreu em um momento delicado em razão da falta de chuvas, que obrigou o sistema a pôr em funcionamento pleno as poluentes – e caras – usinas termoelétricas.

Na quinta-feira à noite, 2 de outubro, foi divulgada mais uma pesquisa Datafolha. Dilma estava com 40% das intenções de voto, Marina com 24% – era a quinta queda sucessiva –; e Aécio, com 21%, continuava a ascensão que vinha desde o início de setembro (mas segundo o Ibope, que divulgou sua pesquisa quase que no mesmo momento, a diferença entre Marina e Aécio era ainda maior: cinco pontos percentuais). Para o segundo turno, Dilma venceria Marina e Aécio pelo mesmo placar: 48 a 41%. E a candidata oficial liderava em todas as regiões do país. Nos estados, para os governos estaduais, o quadro não tinha sofrido alteração de monta.

Procurando uma espécie de salvo-conduto frente a um resultado das urnas distinto do verificado nas pesquisas, o diretor do Datafolha, Mauro Paulino, escreveu salomonicamente: "Dependendo da repercussão e da percepção do eleitorado sobre o saldo de desempenho dos candidatos nesta reta final, as tendências atuais das curvas podem se intensificar até o dia da eleição. Ou, ao contrário, se algum fato sensibilizar segmentos com peso quantitativo relevante, refluxos podem ser cogitados. Numa eleição presidencial na qual, pela primeira vez, a maioria do eleitorado possui ao menos o nível médio de escolaridade, a velocidade da informação não pode ser subestimada como componente decisivo na elaboração do voto". Em outras palavras, poderia acontecer tanto a queda de Aécio, como a de Marina.

Mas o grande assunto do dia foi o debate realizado pela Rede Globo. Foi o último antes da eleição do primeiro turno. Acabou sendo o mais tenso de todos. Em certo momento do debate, Marina continuou discutindo com Dilma mesmo após o término do tempo reservado à resposta. Foi necessária a intervenção de William Bonner, o mediador: "Candidatas, por favor, já acabou... Candidatas, por favor, por favor...". Dentre todos os embates, o mais violento foi entre Dilma e Marina. A presidente retrucou uma afirmação da ex-senadora sobre o Banco Central: "Acho melhor você [Marina] ler o que escreveu no seu programa".

Aécio atacou diretamente Dilma:

Vocês entregaram a nossa maior empresa [Petrobras], e isso quem diz é a Polícia Federal, a uma quadrilha, a uma organização criminosa que lá se instalou. O diretor está preso. Esse é o lado perverso do aparelhamento da máquina pública, a pior marca do governo do PT.

O tucano também criticou Marina: "A senhora militou no PT e no mensalão lá permaneceu. Onde estava a candidata naquele instante?". E recebeu como resposta: "Vossa Excelência também esteve dentro de um partido que praticou o mensalão, quando foi da votação da reeleição. Foi ali que começou o mensalão".

A candidata do PSB aproveitou o momento para retrucar a propaganda tucana contra ela:

Você [Aécio] falou que fui atacada injustamente pelo PT, e também fui atacada injustamente pelo seu partido. Pela primeira vez na história desse país os dois se juntaram para atacar uma pessoa. Existem pessoas honradas e sérias em todos os partidos, inclusive no seu, e você vai chamar de velha política?

Marina teve enorme dificuldade de se diferenciar de Dilma e Aécio, e manter sua posição em defesa do que chamou de nova política. Acuada, resolveu anunciar que não só era favorável a manter o programa Bolsa Família como iria, caso eleita, criar um 13º pagamento: "nós temos uma proposta que é de dar o 13º salário para aquelas pessoas que hoje recebem o Bolsa Família, porque a pior coisa que tem é chegar no Natal e não ter como sequer dar uma ceia para os seus filhos. Nós, no nosso governo, vamos dar o 13º salário para o Bolsa Família, que isso vai melhorar a condição de vida das pessoas". Era uma medida oportunista, que não constava do seu programa,[17] e que só foi apresentada no debate como uma espécie de vacina contra os ataques petistas. A proposta caiu no vazio, também porque não era novidade. Em 2010, José Serra fez a mesma coisa, sem nenhum efeito eleitoral positivo.

A candidata petista ficou irritada quando Aécio, ao responder uma questão do Pastor Everaldo, citou mais uma vez Paulo Roberto Costa e a corrupção na Petrobras. Disse o senador mineiro:

> O mais grave em relação à Petrobras é que a presidente acaba de repetir aqui, alguns segundos atrás, que demitiu o senhor Paulo Roberto da Petrobras. Não é o que diz a ata do Conselho da estatal. Está aqui em minhas mãos. A ata do Conselho da Petrobras diz que o diretor renunciou ao cargo e, pasme, meu caro pastor, senhoras e senhores, recebe elogios pelos relevantes serviços prestados à companhia no desempenho das suas funções. Esse senhor está sendo obrigado a devolver R$ 70 milhões roubados da Petrobras. E o governo do PT o cumprimenta pelos serviços prestados à companhia.

Foi um duro golpe. A petista aproveitou para responder ao tucano no momento em que Eduardo Jorge lhe fez uma pergunta sobre o aborto! Laconicamente, comentou a pergunta e mudou o foco para os escân-

---

17. No dia seguinte, quando perguntado sobre o custo da medida, Walter Feldman estimou em "quase R$ 1 bilhão". Neca Setúbal apresentou outro valor: "mais de R$ 2 bilhões".

dalos da Petrobras: "Primeiro, gostaria de fazer um esclarecimento. Foi dito aqui que eu teria mentido a respeito da demissão do diretor da Petrobras". Em seguida, Dilma citou um trecho do depoimento de Paulo Roberto Costa à CPI da Petrobras, em junho, antes de ser preso. O diretor disse que foi chamado à presença do ministro das Minas e Energia:

> Aí o ministro me falou: "Paulo, é o seguinte: nós estamos tendo uma mudança. Mudanças na diretoria. Nós resolvemos que precisamos ter uma nova pessoa na diretoria de Abastecimento". E o ministro falou: "Eu gostaria que você fizesse uma carta de demissão". Eu disse: "nenhum problema, eu faço".

Dilma concluiu a leitura e disse: "Os fatos são esses. Insistem em negá-los. É má-fé..."

A petista repetiu no debate o mantra contra a política econômica tucana na gestão Fernando Henrique: "Os governos dos quais o senhor [Aécio] era líder quebraram o país três vezes. A taxa de desemprego era de 18% e a taxa de juros na gestão Armínio Fraga era de 45%. Os senhores colocaram o Brasil de joelhos diante do FMI". Pouco depois, por sorteio, Dilma aproveitou para perguntar a Aécio: "Sei que, ao longo de todo o período em que o senhor foi líder do PSDB no Congresso, defendeu as políticas de privatização. Levantou a hipótese inclusive de, em algum momento, no futuro, privatizar a Petrobras...". Aécio respondeu retomando o foco da corrupção:

> A senhora acaba de dizer que o seu ministro das Minas e Energia [Edison Lobão] chamou o então diretor da Petrobras. "Oi, Paulo, entrega aqui, faz aqui uma carta de demissão". Vamos acreditar nisso. Não é a melhor forma de tratar alguém que assaltou a nossa maior empresa. Mas faltou a senhora explicar quais foram os relevantes serviços prestados à companhia. Foi com esse documento que ele foi pra casa. Depois, pra cadeia. Então, essa história precisa ser contada com maior clareza.

Aécio aproveitou para apresentar o tema – sempre minado, para os tucanos – das privatizações sob nova perspectiva, aproveitando-se dos sucessivos escândalos como paradigma:

Privatizamos setores que deveriam ser privatizados. Imagine o setor de telefonia, que já funciona tão mal, nas mãos do Estado. A senhora nomeando os dirigentes dessas empresas. Imagine uma Embraer, a grande empresa que compete, hoje, com êxito, em outras partes do mundo, nas mãos do PT. Nós fizemos as privatizações de setores importantes. No meu governo, a Petrobras vai ser devolvida aos brasileiros.

A petista tentou recolocar a questão no campo que a interessava: "Acho estranho que trate com tanta leveza a questão das privatizações. Foi no governo do senhor que um alto funcionário de um banco público disse que estavam tratando as privatizações no limite da irresponsabilidade...". Era uma clara referência a Ricardo Sérgio de Oliveira, que foi diretor do Banco do Brasil no governo Fernando Henrique. A frase – que ficou famosa – sobre as privatizações, que teriam sido realizadas "no limite da irresponsabilidade", foi revelada graças a um grampo clandestino instalado no BNDES, responsável pelo processo. Aécio, espertamente, deixou de lado o passado e atacou novamente:

Candidata Dilma Rousseff, [...] vocês entregaram a nossa maior empresa, quem diz é a Polícia Federal, a uma quadrilha, a uma organização criminosa... O diretor está preso, as denúncias não cessam, porque não ficam apenas nele. Esse é o saldo perverso do aparelhamento da máquina pública, que é a pior marca do governo do PT.

Dilma procurou durante todo o debate reafirmar as teses petistas contra seus dois principais adversários. Aécio foi taxado de privatista e Marina, de vacilante. O tucano conseguiu se sair melhor, manteve a segurança nas intervenções e buscou se diferenciar de Marina e, especialmente, de Dilma. A candidata do PSB acabou indo novamente muito mal. Aparentava ar cansado, falou com dificuldade e demonstrou, para o eleitor comum, pouca firmeza. Numa das respostas chamou o tucano de Vossa Excelência, expressão que não tinha sido utilizada em nenhum debate e inadequada naquele fórum – era adequada a um debate parlamentar. Dava a impressão de que os ataques (especialmente) da propaganda petista atingiram o coração político de Marina. E ela perdeu a capacidade de responder, de atacar os adversários e manter seus pontos de vista.

Na sexta-feira, Dilma, Aécio e Marina fizeram campanha no Sudeste. A presidente foi a São José dos Campos, no interior paulista. Declarou que não tinha preferência de adversário para o segundo turno – os petistas tinham abandonado o discurso de que venceriam no primeiro turno – e que não havia aparelhamento do Estado no seu governo: "No governo federal, 67% dos cargos de comissão são exercidos por funcionários públicos. Isso significa que apenas 23% dos cargos de comissão é [sic] de livre nomeação". Marina, no Rio de Janeiro, acentuou que era necessário romper a polarização PT-PSDB:

> O PT quer o PSDB e o PSDB quer o PT. Eles se acostumaram, há vinte anos vão para o segundo turno, um ganha, outro perde. Agora tem uma terceira força chamada sociedade brasileira, que identificou no nosso projeto a forma de mudar, com respeito aos brasileiros, mantendo as conquistas, sem complacência com a corrupção, com a incompetência, com o desrespeito aos brasileiros.

Aécio, em Belo Horizonte, atacou Dilma e não quis confronto com Marina: "Tenho que ter enorme respeito por todas as candidaturas, em especial pela candidata Marina Silva, que disputa de forma extremamente competitiva a possibilidade democrática de estar no segundo turno".

Na noite de sábado, véspera da eleição, o Datafolha divulgou mais uma pesquisa. Dilma liderava com 44% (tinha caído um ponto em relação ao levantamento anterior). Aécio manteve o crescimento e o movimento de recuperação da sua candidatura, passando para o segundo lugar com 26% das intenções de voto. E Marina continuou em queda, passando para o terceiro lugar com 24%. Nas simulações para o segundo turno, Dilma venceria Aécio por 53 a 47% e derrotaria Marina por uma margem bem mais confortável: 55 a 45%. Naquele sábado, não se sabia ainda quem iria para o segundo turno enfrentar Dilma, mas Aécio, em plena recuperação, era o favorito. Isto depois de, um mês antes, ser considerado um candidato fora do páreo. Era mais uma surpresa de um processo eleitoral sem qualquer paralelo na história das sucessões presidenciais.

A ascensão de Aécio em grande parte se deu por conta do eleitorado paulista. Estava com 29% das intenções de voto, empatado com Marina. Tinha recuperado os votos antipetistas dos paulistas. Basta recordar que, um mês antes, Marina tinha 42% das intenções de voto no estado (Aécio, apenas 18%), e no segundo turno, venceria Dilma por 54 a 36%. Era em Minas Gerais que estava localizado o seu ponto fraco – inclusive com seu candidato ao governo estadual que, de acordo com as pesquisas, perderia no primeiro turno para o PT. Dilma liderava com 41%. Em um mês, a presidente tinha crescido seis pontos. No mesmo período, Marina caiu onze pontos no segundo colégio eleitoral do país, ficando com 16%. Aécio tinha iniciado uma recuperação, chegou a 33%, mas muito abaixo do que imaginava ter quando iniciou a campanha eleitoral. Acreditava que, na última hora, pudesse ameaçar a liderança de Dilma no estado. Já no Rio de Janeiro, com 8,5% do eleitorado nacional, Dilma tinha suplantado Marina na liderança com 36%, a ex-senadora estava com 28% – em um mês caiu nove pontos – e Aécio cresceu sete pontos, chegando a 18%, mas ainda muito distante de Dilma.

Dilma chegava ao segundo turno após passar um momento difícil na primeira quinzena de setembro, quando estava em empate técnico com Marina no primeiro turno e, segundo as pesquisas de intenção de voto, seria derrotada pela ex-senadora na eleição do segundo turno. A petista conseguiu manter a dianteira, mas mesmo assim, era quem tinha o pior desempenho na liderança da corrida presidencial para o primeiro turno desde a eleição de 1994.

No dia 5 de outubro, as eleições transcorreram de forma tranquila pelo país. A grande surpresa foi reservada pelo resultado das urnas, tanto na eleição presidencial como para diversos governos estaduais e para o Senado Federal. Os dois principais institutos de pesquisa (Datafolha e Ibope) erraram feio. Márcia Cavallari, diretora do Ibope, buscou explicar o inexplicável: "quando o movimento do eleitor é brusco, a pesquisa acaba não captando os números finais".

Conforme foram sendo divulgados os resultados para o cargo de presidente da República – e mais uma vez a apuração foi rápida e eficiente – o favoritismo de Dilma ficou muito distante do anunciado pelos institutos de pesquisas: recebeu 43.267.668 votos, correspondente a

41,6% dos votos válidos. Aécio suplantou Marina por larga margem. Teve 34.897.211 votos, correspondente a 33,5%. Marina ficou com 22.176.619, alcançando 21,3%. Dos candidatos nanicos, quem se saiu melhor foi Luciana Genro – 1.612.186, correspondente a 1,5% –, à frente do Pastor Everaldo, que recebeu 780.513 votos (0,7% dos votos válidos) – muito abaixo do que se imaginava no início do processo eleitoral – e de Eduardo Jorge, com 630.009 (0,6%). Quanto aos demais candidatos, Levy Fidelix teve 446.878 (0,4%), Zé Maria teve 91.209 votos (0,09%), Eymael teve 61.250 votos (0,06%), Mauro Iasi teve 47.845 votos (0,05%) e Rui Costa Pimenta teve 12.324 (0,01%), ficando em último lugar como nas outras eleições presidenciais que participou.[18]

Para os governos estaduais, treze governos foram eleitos no primeiro turno (dos quais quatro reeleitos e quatro que não conseguiram a reeleição) e quatorze disputas ficaram para serem resolvidas no segundo turno. O PMDB venceu em cinco estados, o PT em três, o PSDB em dois, o PSD, PC do B e PDT em um cada. O PT venceu em Minas Gerais e Bahia – nos segundo e quarto colégios eleitorais do país – e o PSDB reelegeu Geraldo Alckmin no principal colégio eleitoral. Outra eleição importante decidida no primeiro turno foi a do Maranhão, onde a oligarquia Sarney – que dominava o estado, quase que sem interrupções, desde 1965 – perdeu para Flávio Dino, o primeiro governador eleito pelo PC do B em toda a sua história.

Para o Senado Federal – renovado em um terço – o PMDB elegeu cinco senadores, o PDT e PSDB quatro, o PSB e o DEM três, PT, PTB e PSD elegeram dois, e PR e PP um cada. A nova composição da Casa manteve o PMDB como o maior partido, seguido pelo PT, PSDB e PSB. A fragmentação partidária permaneceu enorme: dezesseis partidos. Álvaro Dias (PSDB-PR) foi o senador eleito com o maior número de votos válidos (77%), Pedro Simon (PMDB-RS) ficou em terceiro lugar – o eleito foi Lasier Martins (PDT) – e deixou o Senado após um quarto de século. Em São Paulo, depois de 24 anos, Eduardo Suplicy foi derrotado por José Serra por uma diferença de 5 milhões de votos. Outra novidade foi a

---

18. A abstenção foi de 19,3% e a média nacional dos votos brancos e nulos foi de 9,6%. A mais alta foi em Alagoas (16,6%) e a mais baixa no Amapá (4,5%).

eleição pelo Rio de Janeiro do ex-jogador de futebol Romário (PSB) com 63% dos votos.

Para a Câmara dos Deputados o PT foi o grande derrotado. Apesar de manter a maior bancada (70 deputados) acabou perdendo 18 assentos e ficou muito distante das projeções iniciais de que poderia chegar a 100 deputados – além de ter perdido, no total, 3 milhões de votos em relação à eleição de 2010. O PMDB manteve a segunda bancada com 66 deputados. Também perdeu assentos: cinco. O PSDB aumentou sensivelmente sua representação: saltou de 44 para 54 deputados – mesmo número de 2006. A quarta bancada ficou com o PSD, que apesar da perda de oito vagas, ficou com 37 deputados. O PP ficou em quinto lugar com 36 representantes, mas o partido perdeu quatro cadeiras. O PR e o PSB ficaram cada um com 34 deputados. O primeiro perdeu dois assentos, mas os socialistas ganharam dez. O PTB cresceu de 18 para 25 deputados e o PRB cresceu de 10 para 21 deputados. Dezoito partidos elegeram menos de 20 parlamentares. A fragmentação que já era enorme (22 partidos), aumentou ainda mais, chegando a 28 legendas. E a taxa de renovação foi alta: 43,5%.

Na eleição presidencial, Dilma venceu em quinze estados, Aécio, em nove (e o Distrito Federal), e Marina, em dois (Acre e Pernambuco). Na região Nordeste, Dilma teve amplo domínio: dos nove estados venceu em oito – deve ser destacado que a região concentra 51% das famílias beneficiárias do Bolsa Família; e dos 150 municípios onde há o maior número de famílias atendidas pelo programa, 146 estão no Nordeste – nestes, a presidente teve em média 78% dos votos. No Norte, venceu em quatro dos seis estados. No Centro-Oeste, Aécio venceu em todos; no Sudeste, ele venceu em dois estados (São Paulo e Espírito Santo; Dilma venceu nos outros dois: Minas Gerais e Rio de Janeiro). No Sul, Aécio ganhou de dois (Paraná e Santa Catarina) a um (Rio Grande do Sul) de Dilma.

Em termos percentuais, os três melhores resultados de Dilma foram nos estados do Piauí (70,6%), Maranhão (69,6%) e Ceará (68,3%). No caso de Aécio, foi em Santa Catarina (52,9%), Paraná (49,8%) e Roraima (49,6%). Marina obteve os melhores resultados em Pernambuco (48,1%), Acre (42%) e no Distrito Federal (35%). Em relação aos municípios, Dilma venceu em 3.522 (441 a menos que em 2010), Aécio em 1.761 (331 a mais que José Serra em 2010) e Marina em 288 (26 a mais que em 2010). Na maior cidade do país, São Paulo, Aécio venceu com 44% dos votos, Dilma recebeu 26% e Marina ficou em terceiro com 24%. E no estado de São Paulo, o tucano venceu nas principais cidades como Campinas, Guarulhos, São Bernardo do Campo, Santo André, São Caetano do Sul, São José dos Campos e Ribeirão Preto. Aécio venceu Dilma em 565 municípios do estado (88%). Na segunda maior cidade do Brasil, Rio de Janeiro, Marina venceu com 31%, Aécio ficou em segundo com 30,9% e Dilma em terceiro com 29,8%. Em Minas Gerais, a petista venceu o tucano por 43,5 a 39,8%, mas perdeu na capital para Aécio.

Marina Silva acabou sendo derrotada e não indo para o segundo turno. Um mês antes parecia que a sua ascensão nas pesquisas de intenção de voto a levaria à vitória contra Dilma Rousseff. Mas uma sucessão de erros foi enfraquecendo a candidatura. Se a apresentação de seu programa de governo era um ponto favorável, tornou-se um problema quando alterou pontos considerados polêmicos, como a referência ao casamento gay. Teve problemas na organização da campanha, pois era um corpo estranho ao PSB e a ligação com o partido era feita por Eduardo Campos. Sem a sua presença, a relação ficou prejudicada. Também não soube responder de imediato às acusações petistas. Ficou perdida, zonza, como um lutador de boxe após ser atingido por um poderoso golpe. Sua coordenação de campanha não teve habilidade e experiência políticas para ler e interpretar a conjuntura. Atuaram como amadores frente aos profissionais da campanha petista. Sem poder de reação, Marina demonstrou fraqueza e abatimento, como ficou patente, inclusive, nos dois últimos debates televisivos.

Na noite de domingo, num ato em que agradeceu à equipe pelo trabalho realizado e aos eleitores pelos 22 milhões de votos, declarou: "precisamos de tempo para 'metabolizar' o que aconteceu. Derrota ou vitória se medem na História, erro ou acerto também. Você precisa esperar pela história". Disse também: "Estou aqui não como derrotada, mas como alguém que sabe que não teve de abrir mão de seus princípios para ganhar uma eleição". Insinuou que poderia apoiar Aécio: "O Brasil sinalizou claramente que não concorda com o que está aí". No mesmo dia, o seu vice, Beto Albuquerque, declarou o seguinte: "É muito difícil pensar em votar na Dilma depois do que sofremos". E João Paulo Capobianco, importante assessor de Marina, afirmou: "A avaliação é que não dá para ter mais quatro anos desse governo. Isso é ponto pacífico. O nosso compromisso é com o movimento de mudança".

Logo após tomar conhecimento dos resultados, Dilma declarou em discurso no comitê de campanha petista – com a estranha ausência de Lula – que "o povo brasileiro vai dizer no dia 26 que não quer os fantasmas do passado de volta, como o arrocho, o desemprego. O PSDB governou para um terço da população, abandonando os que mais precisam. O povo brasileiro não quer de volta o que chamamos de fantasmas do passado", apontando como seria o segundo turno. Acusou diretamente Armínio Fraga: teria sido no período em que ele "era ministro da Fazenda (sic) que a inflação saiu duas vezes do limite superior da política de metas".[19]

A resposta de Aécio – ao invés do enfrentamento – foi um chamado à concórdia e à união das oposições:

> É hora de unirmos as forças. A minha candidatura não é mais a candidatura de um partido político ou de um conjunto de alianças. É o sentimento mais puro de todos os brasileiros que ainda têm a capacidade de se indignar, mas principalmente a capacidade de sonhar. Vamos acreditar que é possível, como sempre acreditei, dar ao Brasil um governo que una decência e eficiência.

E deixou claro que o apoio de Marina era muito importante:

> Todos aqueles que puderem e quiserem contribuir com esse projeto de mudança são muito bem-vindos. Tenho enorme respeito pessoal pela ex-ministra e senadora Marina Silva, mas tanto em relação a ela quanto em relação a outras lideranças, é preciso que aguardemos que cada um tome o caminho que achar mais adequado.

A sorte estava lançada. O jogo seria pesado. Afinal, para o petismo, o que estava em disputa eram outros três mandatos presidenciais. O pri-

---

19. Armínio Fraga foi presidente do Banco Central no segundo governo Fernando Henrique. O ministro da Fazenda, nos dois governos, foi Pedro Malan.

meiro passo era garantir a vitória de Dilma, para daí construir, desde 1º de janeiro de 2015, o retorno de Lula em 2018 para dois novos mandatos presidenciais. À oposição caberia o papel de unir forças; dividir a base política aliada, tanto quanto possível, aproveitando-se de dissenções estaduais e manter o discurso da mudança. Foi mantida a polarização entre dois projetos para o país. Aécio não tinha blefado quando disse à Dilma, no final do debate da Rede Globo, que se encontraria com ela no segundo turno.

Encerrou-se o primeiro turno da eleição presidencial, o mais emocionante da história. E os sinais do que poderia ser a etapa final do pleito não deixaram nenhuma dúvida de que a eleição de 2014 seria a mais importante da história republicana brasileira.

CAPÍTULO 11

A caminho da nova eleição

Foi na quarta-feira, 8 de outubro, que a campanha eleitoral para o segundo turno começou efetivamente. A Executiva Nacional do PSB decidiu – por 21 votos favoráveis, 7 pela neutralidade e um de adesão à Dilma – declarar apoio a Aécio. Após a decisão, o candidato tucano esteve na sede do partido. Beto Albuquerque, da direção do PSB e candidato a vice-presidente na chapa de Marina Silva, lembrou que o PT os havia pintado como "a pior coisa": "Agora que queriam o nosso apoio, ficamos bons de novo. Quem semeia vento colhe tempestade".

Foi uma vitória para o tucano, pois o partido tinha presença importante no Nordeste – onde sua votação foi muito pequena – e abria caminho para um apoio ainda mais importante: o de Marina Silva. Aécio, no mesmo dia, recebeu a adesão do PSC, do PV, de setores significativos do PMDB no Rio Grande do Sul e do PDT em Mato Grosso. O apoio suplementar a Dilma ficou restrito ao PSOL que desaconselhou o voto no tucano. Segundo Luciana Genro, "a nossa posição não é neutra. Vamos liberar nossos filiados tanto para o voto em branco, voto nulo, quanto para o voto em Dilma".

O PT desenhou sua estratégia eleitoral para o segundo turno. Depois de ter desconstruído Marina Silva, o foco foi dirigido para Aécio Neves. Rui Falcão, presidente do partido, declarou o seguinte:

O PT vai atacar a imagem de que ele [Aécio] foi um administrador eficiente. Em outra frente, quer explorar a derrota do tucano em seu próprio estado. A ideia é dizer que ele foi rejeitado pelos mineiros e "quem conhece o Aécio não vota nele".

Dilma Rousseff fez um rápido giro pelo Nordeste – em dois meses de campanha para o primeiro turno, agosto e setembro, a presidente abandonou o Palácio do Planalto; lá esteve apenas cinco vezes. Começou pelo Piauí onde recebeu 70% dos votos, quando a sua média nacional foi de 41,5%:

> Tem gente que olha pro Nordeste com olhar de quem governou o país só para outra região. Aqueles que dizem que aqui estão as pessoas com menos compreensão, com menos educação, que não sabem votar, é porque não acompanharam tudo que vem acontecendo aqui nessa região. Nunca estiveram aqui, nunca conheceram a qualidade desse povo.

A declaração era uma resposta enviesada a Fernando Henrique Cardoso, que declarou em uma entrevista que a votação do PT havia crescido no interior com base nos setores menos informados.

Porém era evidente nos mapas de votação do primeiro turno que o peso eleitoral do Bolsa Família foi muito maior do que nas últimas duas eleições (2006 e 2010). No interior do Nordeste (incluindo o norte de Minas Gerais) e no Norte, regiões amplamente cobertas pelo programa, a candidata petista teve votações expressivas. Em Serrano do Maranhão (MA), onde 90% das famílias recebem o benefício, Dilma teve 94% dos votos. Em Maraã (AM), onde 87% das famílias recebem o Bolsa Família, Dilma obteve inacreditáveis 98% dos votos.

Na propaganda eleitoral no rádio e na televisão, que foi reiniciada na quinta-feira, João Santana, marqueteiro de Dilma, retomou a política de ataques e calúnias que teve êxito contra Marina Silva. Desta vez o alvo era o tucano. A pergunta que ficou no ar era como Aécio responderia aos ataques. Repetiria a passividade de Marina ou bateria de frente com o petismo?

Na noite do dia 9 de outubro foi divulgada a primeira pesquisa Datafolha para o segundo turno. Aécio saiu na liderança com 51% das intenções de voto e Dilma ficou com 49%. Era a primeira vez que em um segundo turno o candidato que tinha vencido o turno anterior não liderava a pesquisa de intenção de voto. Quando incluídos os votos brancos, nulos e indecisos, Aécio ficou com 46% e Dilma com 44%; 4% optaram pelos votos brancos ou nulos e 6% não souberam responder. Dos eleitores de Marina Silva, 66% disseram que votariam em Aécio, 18% em Dilma, 10% ainda não sabiam em quem votar e 6% escolheram os votos brancos ou nulos.

A pesquisa retratava um país partido ao meio, tanto entre os candidatos como na escolha de cada região. Aécio vencia no Centro-Oeste (55 a 33%), Sudeste (55 a 34%) e Sul (50 a 41%); Dilma vencia no Norte (56 a 37%) e Nordeste (60 a 31%). Entre os mais jovens, Aécio era o escolhido; Dilma ia melhor entre os que tinham mais de 45 anos e no grupo intermediário havia empate. A petista era mais bem votada entre os de renda mais baixa; o tucano, entre aqueles de renda mais alta. Ela mantinha apoio semelhante ao da eleição do primeiro turno, quando foi mais votada nas cidades que tinham o Índice de Desenvolvimento Humano (IDH) mais baixo – já Aécio obteve resultado justamente contrário.

O Ibope divulgou sua pesquisa de intenção de voto no mesmo dia. O resultado foi idêntico ao do Datafolha. Apresentou um índice de rejeição dos pesquisados maior por Dilma (41%) do que por Aécio (33%). Sobre o potencial de voto de cada candidato, segundo o mesmo instituto, o teto de Aécio era de 60% e o de Dilma de 54%, duas boas notícias para o tucano, pois sinalizavam que suas possibilidades de crescimento eram maiores.

Dilma atacou a oposição, acusando-a de utilizar eleitoralmente as investigações na Petrobras:

> Eles [do PSDB] jamais investigaram, jamais puniram, jamais acabaram com o crime horrível da corrupção e, agora, na véspera da eleição, querem dar um golpe, estão dando um golpe. A investigação deve ser feita sem manipulação política ou qualquer outro tipo de intervenção. Acho estarrecedor que no meio de uma campanha eleitoral façam este tipo de divulgação.

No mesmo dia, pouco depois, em Maceió, Alagoas, a candidata oficial, ao lado de Renan Calheiros e Fernando Collor, declarou enfaticamente que seria implacável no combate do que chamou de "malfeitos" e que não iria "jogar a corrupção para baixo do tapete".

Aécio aproveitou o momento para reiterar suas críticas ao governo:

> Estarrecedores são os depoimentos. Confissão de crimes cometidos sucessivamente nos últimos doze anos, assaltaram a maior empresa brasileira nas barbas do governo e não há reação de indignação da presidente. O governo do PT deixou uma perversa herança: sinaliza que política se confunde com corrupção.

O juiz Sérgio Moro, da Justiça Federal do Paraná e responsável pela condução da Operação Lava Jato, recebeu duros ataques dos petistas, principalmente pela internet. Era acusado de fazer uso político das denúncias sobre a Petrobras. Moro respondeu demonstrando que o processo tramitava "sem segredo de Justiça, em vista dos mandamentos constitucionais da publicidade dos processos e das decisões judiciais". Isto porque, de acordo com o juiz, teriam sido cometidos "supostos crimes contra a administração pública, tornando imperativa a transparência, única forma de garantir o escrutínio público sobre a gestão da coisa pública e sobre a integridade da Justiça". E esclareceu os "vazamentos":

> Os depoimentos da última audiência na ação penal pública não foram "vazados" por esta corte de Justiça ou por quem quer que seja. A sua divulgação, ainda que pela imprensa, é um consectário normal do interesse público e do princípio da publicidade dos atos processuais em uma ação penal na qual não foi imposto segredo de Justiça.

A Operação Lava Jato continuava dando o que falar. As revelações de Paulo Roberto Costa e Alberto Youssef devassaram o maior esquema de corrupção até hoje visto no Brasil. O principal alvo foi a Petrobras. Segundo os delatores, três partidos controlavam as diretorias mais importantes da empresa: PT, PP e PMDB. Nas diretorias controladas pelo PP e PMDB, os partidos ficavam com 1% dos milionários contratos efetuados com as empreiteiras e fornecedores da Petrobras e 2% eram repassados ao PT. Nos casos em que as diretorias eram controladas exclusivamente pelos petistas, "os 3% eram para o PT, não tinha participação do PP".

De acordo com Costa e Youssef, a ligação com o PT era feita através do tesoureiro do partido, João Vaccari, sucessor de Delúbio Soares, sentenciado no processo do mensalão. E Costa aproveitou até para fazer ironia: "Se houve erro, foi a partir da minha entrada na diretoria por envolvimento com grupos políticos, principalmente. Usando a oração de São Francisco, que 'é dando que se recebe'. Eles usam muito isso". Mas fez questão de deixar clara a sua posição no saque da Petrobras: "Não sou o mentor nem o chefe desse esquema. [...] Tinha gente muito mais elevada acima disso [...], no caso, agentes públicos".

Os negócios escusos cresceram no segundo governo Lula, com a construção de diversas refinarias como Abreu e Lima, Comperj, Premiun I e Premiun II. O milionário esquema de corrupção se desenvolveu em meio à CPMI dos Correios, à aceitação pelo STF da denúncia da Procuradoria Geral da República do processo do mensalão e continuou de vento em popa na presidência Dilma, ainda durante o julgamento da Ação Penal 470, quando o país acompanhou a condenação de 25 réus. Quando se imaginava que a República estaria sendo refundada com a condenação de banqueiros, publicitários e da liderança do PT, a Petrobras estava sendo assaltada em valores muito superiores aos desviados no mensalão. Basta recordar que do Fundo Visanet do Banco do Brasil foram utilizados no mensalão de forma ilícita R$ 73 milhões, valor muito próximo do que só um dos acusados na Operação Lava Jato, Paulo Roberto Costa, confessou ter depositado em contas pessoais na Europa.

A quadrilha agia procurando evitar atrito no assalto ao caixa da Petrobras. Tinha princípios. Um deles era respeitar o espaço de cada partido, evitando conflitos e possíveis delatores do esquema. Assim, o botim era organizado e cada um levava a sua parte. Em um dos seus depoimentos, Alberto Youssef exemplificou candidamente como funcionava: "uma obra da Camargo Corrêa de R$ 3,48 bilhões. R$ 34 milhões ela tinha de pagar para o PP. Ela tinha de pagar mais 1%, 2%, para outro operador

– no caso, João Vaccari [tesoureiro do PT]." A nomeação dos diretores envolvidos nas falcatruas era negociada diretamente com o Palácio do Planalto, mais precisamente com o presidente Lula.

Nos bastidores, ensaiou-se uma demissão do presidente da Transpetro, Sérgio Machado, peemedebista muito ligado ao presidente do Senado Renan Calheiros, que tinha sido um dos alvos dos depoimentos de Paulo Roberto Costa. O governo abandonou a ideia, pois os peemedebistas exigiram o afastamento de Vaccari da tesouraria nacional petista. Ambas as demissões poderiam conferir veracidade às denúncias. Optou-se pela permanência de ambos os acusados. O PT soltou uma nota negando as denúncias e as empreiteiras tomaram o mesmo procedimento. Lula, frente ao maior escândalo da história da República, respondeu ao seu estilo: disse que "está de saco cheio de denúncias em véspera de eleição". E só.

No sábado, dia 11, Aécio foi ao Recife para se encontrar com a família de Eduardo Campos. Em um ato público ouviu a adesão da família do ex-governador de Pernambuco. João Campos, filho mais velho de Eduardo, leu o documento de duas páginas assinado pela mãe, Renata. Inicialmente, recordou-se a morte do ex-presidente do PSB e, em seguida, foi desenhado o cenário eleitoral do segundo turno:

> Hoje, temos duas possibilidades: continuar como estamos ou trilhar um caminho de mudança. O Brasil pede mudanças. O governo que aí está tornou-se incapaz de realizá-las. Continuamos acreditando nos mesmos valores, continuamos com os mesmos sonhos. Só será possível mudar o Brasil se tivermos capacidade de unir e dialogar, respeitando as diferenças. É preciso reconhecer os avanços que tivemos, as contribuições de todos, mas é fundamental organizar a casa, arejar.

E se dirigiu diretamente ao tucano:

> Aécio, acredito na sua capacidade de diálogo e gestão. Sei que não é a primeira vez que seu caminho cruza com o de Eduardo. Lembro que, lá trás, em momentos importantes da história, o caminho do seu avô Tancredo cruzou com o de Dr. Arraes. Sei que também eram diferen-

tes, mas souberam se unir pelo bem do Brasil. Em vários momentos, quando era necessário, você e Eduardo sabiam sentar e dialogar, encontrar caminhos.

Recordou algumas bandeiras políticas de Eduardo e que foram defendidas por Marina durante toda a campanha do primeiro turno:

É preciso levar adiante seus ideais: as reformas pelas quais ele tanto lutou, o pacto federativo, Saúde Mais Dez, o Pacto pela Vida, uma educação de qualidade com escolas em tempo integral, passe livre, um desenvolvimento com sustentabilidade, entre outras.

Ao final do documento, conclamou à união e recordou a importância do Nordeste e de Pernambuco:

Penso, Aécio, que hoje é um dia muito importante na sua caminhada, aqui no Nordeste, em Pernambuco, estado que sempre foi palco de lutas libertárias, que tem um povo generoso, com força e coragem. Estado que tem a cara de Eduardo e Arraes. Daqui, você vai levar a garra e a energia desse povo, que serão fundamentais e essenciais para a construção de um novo Brasil. Um Brasil que se respeite, reconheça suas diferenças, que saiba combater as desigualdades, criando oportunidades para todos. Só assim seremos capazes de construir uma nação justa, soberana, livre, fraterna e equilibrada, como Eduardo tanto sonhou. Somos nordestinos, pernambucanos e queremos, juntos, construir a nação brasileira!

Pouco antes do início do ato, Aécio divulgou uma carta incorporando várias propostas apresentadas por Marina Silva durante a sua breve campanha. Falou da reeleição: "Reconhecemos a necessidade de uma reforma política que não pode mais ser adiada e, com ela, nos comprometemos a começar pelo fim da reeleição para cargos executivos". Falou também das reservas indígenas, outro ponto defendido pela ex-senadora: "Criaremos também o Fundo de Regularização Fundiária, que permitirá resolver as pendências em áreas indígenas nas quais proprietários rurais possuem títulos legítimos de posse da terra, reconhecidos pelo poder público".[20]

O tucano deu destaque especial às questões ambientais: "Estabeleceremos uma política efetiva de Unidades de Conservação, não apenas para garantir a implantação e o correto uso das já existentes, como para retomar o processo de ampliação do Sistema Nacional de Unidades de Conservação, paralisado no atual governo". E mais:

> Enfatizo que darei a devida e urgente importância ao trato da questão das Mudanças Climáticas, iniciando um decisivo preparo do país para enfrentar e minimizar suas consequências. Assumo o compromisso de levar o Brasil à transição para uma economia de baixo carbono, magna tarefa a que já se dedicam as nações mais desenvolvidas do planeta, retomando uma postura proativa de liderança global nesta área, perdida no atual governo.

Aécio também apoiou as propostas de educação em tempo integral, reforma agrária, ampliação da participação popular, autonomia operacional do Banco Central, sistema de metas de inflação e destinação de 10% da receita bruta para a saúde. Criticou o centralismo federal, apontou a necessidade de um novo pacto federativo e destacou a necessidade de efetivamente instituir o desenvolvimento regional para equilibrar economicamente o país.

Preocupados com a avanço tucano, os petistas iniciaram duros ataques a Aécio. Na propaganda eleitoral, criaram o slogan "Quem conhece o Aécio, não vota em Aécio". A referência era ao governo de Minas Gerais e à vitória de Fernando Pimentel sobre Pimenta da Veiga. Dilma chamou, via Facebook, o tucano de "playboyzinho da Caixa". Segundo ela, Aécio foi nomeado para uma das vice-presidências da Caixa Econômica Federal por José Sarney, em 1985, por indicação política. Era um meio de tentar

---

20. O território indígena corresponde a 13% do total. As reservas homologadas nos oito anos de governo FHC corresponderam a uma média anual de 5,1 milhões de hectares. Nos oito anos de Lula as homologações caíram mais da metade, atingindo a média anual de 2,3 milhões de hectares. Já no triênio Dilma – os dados disponíveis chegam somente a 2013 – a média anual atingiu apenas 700 mil hectares.

responder às acusações do aparelhamento da máquina administrativa do Estado pelo petismo.

No domingo, no bairro paulistano Vila Madalena, Marina Silva em pessoa divulgou, enfim, um manifesto apoiando Aécio Neves – antes tinha se encontrado pessoalmente com Fernando Henrique em São Paulo, numa preparação para a adesão à candidatura tucana. De início, fez referência ao documento apresentado por Aécio no dia anterior, em Recife. Acentuou que entendia o documento como "uma carta-compromisso com os brasileiros, com a nação".

> Rejeito qualquer interpretação de que seja dirigida a mim, em busca de apoio. Seria um amesquinhamento dos propósitos manifestados por Aécio imaginar que eles se dirigem a uma pessoa e não aos cidadãos e cidadãs brasileiros. E seria um equívoco absoluto e uma ofensa imaginar que me tomo por detentora de poderes que são do povo ou que poderia vir a ser individualmente destinatária de promessas ou compromissos. Os compromissos explicitados e assinados por Aécio tem como única destinatária a nação e a ela deve ser dada satisfação sobre seu cumprimento.

Justificou porque estava se posicionando como cidadã – e não em nome do seu partido, a Rede Sustentabilidade:

> Hoje estou diante de minha decisão como cidadã e como parte do debate que está estabelecido na sociedade brasileira. Me posicionarei. Prefiro ser criticada lutando por aquilo que acredito ser o melhor para o Brasil, do que me tornar prisioneira do labirinto da defesa do meu interesse próprio, onde todos os caminhos e portas que percorresse e passasse, só me levariam ao abismo de meus interesses pessoais.

Apresentou um inusitado paralelo entre 2014 e 2002, bem típico do seu pensamento:

> Ao final da presidência de Fernando Henrique Cardoso, a sociedade brasileira demonstrou que queria a alternância de poder, mas não a per-

da da estabilidade econômica. E isso foi inequivocamente acatado pelo então candidato da oposição, Lula, num reconhecimento do mérito de seu antecessor e de que precisaria dessas conquistas para levar adiante o seu projeto de governo. Agora, novamente, temos um momento em que a alternância de poder fará bem ao Brasil, e o que precisa ser reafirmado é o caminho dos avanços sociais, mas com gestão competente do Estado e com estabilidade econômica, agora abalada com a volta da inflação e a insegurança trazida pelo desmantelamento de importantes instituições públicas. Aécio retoma o fio da meada virtuoso e corretamente manifesta-se na forma de um compromisso forte, a exemplo de Lula em 2002, que assumiu compromissos com a manutenção do Plano Real, abrindo diálogo com os setores produtivos. Doze anos depois, temos um passo adiante, uma segunda carta aos brasileiros, intitulada: "Juntos pela democracia, a inclusão social e o desenvolvimento sustentável".

Não deixou de fazer referência à campanha caluniosa do PT contra ela e que acabou conduzindo-a a apoiar o tucano no segundo turno:

É preciso, e faço um apelo enfático nesse sentido, que saiamos do território da política destrutiva para conseguir ver com clareza os temas estratégicos para o desenvolvimento do país e com tranquilidade para debatê-los tendo como horizonte o bem comum. Não podemos mais continuar apostando no ódio, na calúnia e na desconstrução de pessoas e propostas apenas pela disputa de poder que divide o Brasil. O preço a pagar por isso é muito caro: é a estagnação do Brasil, com a retirada da ética das relações políticas. É a substituição da diversidade pelo estigma, é a substituição da identidade nacional pela identidade partidária raivosa e vingativa. É ferir de morte a democracia.

Concluiu o documento afirmando:

Chegou o momento de interromper esse caminho suicida e apostar, mais uma vez, na alternância de poder sob a batuta da sociedade, dos interesses do país e do bem comum. É com esse sentimento que, tendo em vista os compromissos assumidos por Aécio Neves, declaro meu voto e meu apoio neste segundo turno. Votarei em Aécio e o apoiarei, votando nesses compromissos, dando um crédito de confiança à sinceridade de propósitos do candidato e de seu partido e, principalmente, entregando à sociedade brasileira a tarefa de exigir que sejam cumpridos.

Foi uma vitória para a candidatura Aécio, apesar do apoio ter sido declarado um pouco tardiamente. Mesmo assim, ainda havia tempo de ter influência entre eleitores que sufragaram Marina no primeiro turno. A propaganda eleitoral tucana exibiu o apoio da ex-senadora no mesmo dia: "Recebo o apoio [de Marina] com muita honra e responsabilidade. A partir de agora, somos um só corpo e um só projeto em favor do Brasil e dos brasileiros". Para ele, a ex-senadora "representa o sentimento de uma parcela muito expressiva da sociedade brasileira que quer voltar a acreditar na política como um instrumento de transformação da vida das pessoas". O próximo passo da campanha era tentar um encontro entre os dois e até uma participação dela no programa eleitoral de Aécio.

Dilma Rousseff, como seria de se esperar, minimizou o novo posicionamento de Marina: "o voto é de cada brasileiro. Eu não acredito em transferência automática de votos". E mais: "Vários seguidores da outra candidatura, da Marina, vieram para a minha campanha". A presidente estava se referindo aos governadores – e candidatos à releição – da Paraíba e Amapá, Ricardo Coutinho e Camilo Capiberibe, respectivamente. Pouco antes, tinha aproveitado para atacar a oposição: "Aqueles que estão comigo representam o meu projeto de país; de avanço. Os que estão do outro lado representam o retrocesso".

A campanha petista estava vivendo o seu momento mais difícil. Nenhuma pesquisa eleitoral tinha sido divulgada ainda, mas sabia-se informalmente que Dilma continuava em segundo lugar, embora ainda próxima de Aécio, no que era considerado margem de erro. Lula estava sumido da campanha há mais de duas semanas. A presidente viajou ao Nordeste – onde tinha obtido, no primeiro turno, uma grande vitória – mas só, sem Lula. Justamente na região onde o ex-presidente era muito popular e após o PSB pernambucano e a família Campos declararem apoio a Aécio. Quem se deslocou para a região, substituindo Lula, foi o ministro Gilberto Carvalho. Em Recife, fez uma curiosa (e desastrosa) declaração: "Acho que Eduardo Campos agora que está, espero, na luz de Deus, tenha reconhecido aquilo que o Lula fez aqui neste estado".

O PT buscou aproveitar-se das divisões do PSB. Roberto Amaral foi substituído na presidência do partido pelo pernambucano Carlos Siqueira, e rompeu com a decisão dos socialistas de apoiar Aécio. Amaral era muito vinculado a Lula – foi seu ministro da Ciência e Tecnologia. Em artigo publicado na *Folha de S. Paulo*, considerou que "quando se alia a Aécio Neves, o PSB renega seus compromissos e joga no lixo da história a oposição que moveu ao governo FHC". Amaral foi defenestrado da direção nacional partidária, assim como a deputada Luiza Erundina. No caso da Rede Sustentabilidade, em São Paulo, sete coordenadores do partido discordaram da posição assumida por Marina e renunciaram. Insistiram que não caberia ao partido apoiar qualquer dos candidatos.

A primeira semana do segundo turno terminou em um cenário desfavorável para Dilma. Tudo indica que a agressividade da campanha – a mais suja da história da República – deveria aumentar. As críticas às duas gestões de FHC seriam retomadas. Mas não estavam dando o resultado esperado. Houve uma mudança de rota na campanha petista: o alvo central seria Aécio. Era necessário destruí-lo como alternativa de poder. Mas não bastaria desmoralizá-lo politicamente. A possibilidade cada vez maior de uma derrota de Dilma colocava em risco, depois de doze anos, o controle petista da máquina de Estado, muito mais do que o governo. Depois do *Delenda est Marina*, os petistas iniciaram o *Delenda est Aécio*. Ficava a pergunta: Marina foi destruída. E com Aécio, ocorreria a mesma coisa?

CAPÍTULO 12

Em clima de guerra

O primeiro debate entre os candidatos, na Rede Bandeirantes, deu o norte de como seria a campanha presidencial nas duas últimas semanas. O formato dos debates anteriores tinha sido muito criticado. De um lado, a presença dos candidatos nanicos impedia o confronto entre os presidenciáveis. De outro, o enfrentamento mais direto entre eles ficava engessado pelas regras preestabelecidas do debate. Mesmo sem a presença de jornalistas, os encontros prometiam ser mais animados e, imaginava-se, mais propositivos.

Na noite de 14 de outubro foi realizado o tão esperado evento. O dia tinha sido agitado. Dilma desautorizara Gilberto Carvalho. O ministro tinha declarado que a campanha petista vivia um "momento delicadíssimo". Disse a petista: "Não acho que vivemos um momento delicadíssimo nenhum. Não estou assustada, como também não estou nervosa". Aécio aproveitou o momento favorável para dar à sua campanha um espírito de união nacional: "Minha candidatura não é de um partido político. Expressa um sentimento de milhões e milhões de brasileiros que não aguentam mais conviver com tanta corrupção, com tanta mentira".

Marina Silva foi atacada nas redes sociais pelo apoio dado ao tucano. E respondeu:

Estou sofrendo ataques de uma política atrasada, movida por projetos de poder pelo poder, mantivemos o rumo e fizemos a nova política na prática. Faço um apelo para que saiamos do território da política destrutiva para ver os temas estratégicos para o desenvolvimento do país e debatê-los.

Ela aprendeu, na prática, como funcionava a máquina petista de triturar reputações: "Vocês não fazem ideia do que essas pessoas fizeram comigo. Não bastou inventar a mentira de que sou homofóbica, elas espalharam a calúnia de que meus seguranças espancaram até a morte um homossexual que tentou se aproximar de mim".

O apelo conciliador de Marina não foi ouvido. A estratégia petista era justamente oposta. Não queria discutir as questões fundamentais do Brasil. Era um terreno perigoso, minado. Para Dilma, era melhor tentar atacar diretamente Aécio. E assim foi o debate. A presidente acusou o tucano de nepotismo: "O senhor teve uma irmã, três tios e três primos no seu governo". E recebeu resposta imediata: "Eu quero responder olhando nos seus olhos. A senhora está sendo leviana. A senhora tem a obrigação agora de dizer onde minha irmã trabalha. Sua propaganda é uma mentira. A senhora mente aos brasileiros para ficar no governo". E concluiu: "A senhora deixou o governo num mar de lama".

A petista recordou a construção do aeroporto em Cláudio (MG) durante a gestão do tucano. Segundo Aécio, o Ministério Público mineiro teria atestado a legalidade do empreendimento que "foi construído em um terreno desapropriado". Quando perguntada sobre os escândalos da Petrobras, a petista respondeu que a indignação dela era a mesma de todos os brasileiros. "E onde estão os envolvidos no mensalão mineiro? Todos soltos. Onde estão todos os envolvidos no caso da compra da reeleição? Todos soltos. O que eu não quero é isso, candidato. Eu quero todos aqueles culpados presos", prosseguiu ela. Aécio retrucou: "A senhora busca comparar coisas muito diferentes. O que acontece na Petrobras é algo extremamente grave. A senhora não tem tomado as providências necessárias".

A grave situação econômica mereceu pouca atenção. Não interessava à candidata oficial transitar por este terreno. Quando o tema surgiu, Dilma mirou no governo FHC:

O senhor indicou para ministro da Fazenda um presidente do Banco Central [Armínio Fraga] que deixou duas vezes a inflação escapar do limite da meta. Como o senhor quer que eu acredite que, com a mesma receita, o mesmo cozinheiro, vocês não vão entregar o mesmo prato? Vocês gostam de cortar empregos e salário.

Já para Aécio o panorama era distinto:

Há mais de um ano venho alertando sobre a volta da inflação e a senhora disse que era conversa de pessimista. Seu secretário de Política Econômica, Márcio Holland, disse que a pessoa deveria parar de comer carne e comer ovo. Será que é essa a política econômica ideal?

A petista usou boa parte do debate para atacar a gestão do tucano à frente do governo de Minas Gerais. Criticou os gastos da saúde, afirmando que foram insuficientes e que teria havido uma ação do Ministério Público contra o então governador – mas neste ano a ação foi extinta, pois houve uma mudança de posição do Ministério Público em relação ao caso. Era muito mais uma questão técnica do que política e de difícil compreensão para os eleitores. Mas a ideia central era mostrar que a gestão na saúde teria sido ruim e em prejuízo da população mais pobre.

Durante toda a campanha, Aécio insistiu em apresentar a imagem de bom administrador. Citou diversas vezes que saiu do governo com aprovação de 92% dos mineiros. Na propaganda petista, um dos motes era de que quem conhecia Aécio não votava nele e o exemplo dado era a derrota de Pimenta da Veiga, seu candidato ao governo estadual. E mais: Dilma insistiu que venceu Aécio em Minas. Recebeu como resposta que somando seus votos com os de Marina, a oposição é que tinha vencido no estado a eleição para Presidente da República.

O Bolsa Família, como de hábito, entrou no debate. O tucano rememorou os programas sociais da gestão FHC, e Dilma recolocou o argumento de que o programa "não tem parentesco nenhum com os programas sociais tucanos". Assim como nos outros debates, o tucano recordou também a estabilização econômica: "O maior programa de transferência de renda da história contemporânea do Brasil não foi o Bolsa Família, foi o Plano Real que vocês combateram com todas as forças".

A alta temperatura do confronto repercutiu no dia seguinte. De acordo com Aécio, "nós estamos assistindo, do outro lado, a uma campanha desesperada, que não consegue olhar para o futuro. Ela olha para o passado. Cada hora uma mentira, uma infâmia, uma calúnia". Dilma rebateu afirmando que o tucano "não está acostumado a receber críticas porque ele tinha certa blindagem quando foi governador de Minas". Lula foi mais direto em um comício de apoio ao filho de Jader Barbalho, candidato ao governo do Pará. Relembrou o episódio ocorrido em 2011, no Rio de Janeiro, em que Aécio se recusou a fazer o teste do bafômetro em uma barreira policial: "Como uma pessoa se recusa a fazer um teste de bafômetro e diz que vai governar com decência e competência? Palavras são fáceis de dizer. Difícil é ter caráter".

Em meio ao bate-boca, na noite de 15 de outubro, foi divulgada a segunda pesquisa Datafolha, após uma semana de propaganda eleitoral. Manteve as mesmas posições do levantamento anterior: Aécio com 51% das intenções de voto e Dilma com 49%. Nas regiões, observavam-se os mesmos resultados: Aécio vencia no Sul, no Sudeste e no Centro-Oeste; Dilma no Norte e no Nordeste. Nas faixas de renda familiar, Dilma estava à frente somente entre aqueles que recebiam até dois salários mínimos; desta faixa até aquela acima de dez salários mínimos, Aécio vencia por larga margem. Quase que ao mesmo tempo, o Ibope também divulgou sua pesquisa sobre as intenções de voto para presidente. Pela segunda vez consecutiva, o resultado foi idêntico ao do Datafolha.

Os comandos das campanhas receberam de formas distintas os dois resultados. O PT considerou as pesquisas favoráveis, pois em uma semana as denúncias de corrupção aumentaram e não enfraqueceram a candidata oficial. Para os tucanos, as pesquisas ainda não tinham conseguido identificar a mudança de humor do eleitorado que estaria descontente com os ataques petistas a Aécio. Imaginavam também um sensível crescimento da campanha em Minas Gerais, onde o tucano estaria já com dois dígitos percentuais à frente de Dilma.

Em meio às denúncias sobre a Petrobras, uma delas causou estranheza. De acordo com Paulo Roberto Costa, o então senador Sérgio

Guerra, que presidia o PSDB, teria recebido R$ 10 milhões para esvaziar uma CPI criada em 2009 para investigar a Petrobras. Não foi possível ao acusado responder, pois faleceu em 6 de março de 2014. A CPI tinha onze membros e apenas três deles eram da oposição. A presidência e a relatoria foram controladas pelo PT e PMDB, respectivamente. Sem condições de ter uma atuação ativa, pois o governo tinha uma maioria confortável e o controle diretivo da CPI, os três senadores oposicionistas acabaram se retirando após onze sessões. A dúvida que ficou foi sobre a razão de se pagar uma propina de R$ 10 milhões para um senador oposicionista quando o governo tinha o absoluto controle da CPI, tanto numérico como diretivo.

Mas o grande assunto do dia 16 de outubro foi o debate entre os presidenciáveis realizado pelo SBT. Se na Rede Bandeirantes o encontro dos candidatos teve momentos de tensão, no SBT as acusações pessoais tomaram conta do encontro. Logo na chegada, ao contrário dos debates anteriores, os candidatos não se cumprimentaram. Era o primeiro sinal de tensão. O nepotismo ocupou parte do entrevero entre eles. Dilma acusou o tucano de empregar familiares: "O senhor empregou uma irmã, um tio, três primos e três primas". Aécio negou. Lembrou que a irmã trabalhou como voluntária, sem receber qualquer tipo de remuneração. E em seguida, acusou o irmão de Dilma: "Igor Rousseff, seu irmão, foi nomeado pelo prefeito Fernando Pimentel [em Belo Horizonte] e nunca apareceu para trabalhar. A minha irmã trabalha muito e não recebe nada. O seu irmão recebe e não trabalha".

Os assuntos mineiros ocuparam boa parte do debate. Era um meio de tentar enfraquecer a gestão de Aécio – que, na propaganda, aparecia como exemplar – e também lutar pelos votos do segundo maior colégio eleitoral do país. Para o tucano: "Quem ligar a televisão vai achar que a senhora é candidata ao governo de Minas ou à prefeitura de Belo Horizonte. A não ser que a senhora queira, no futuro, quando ficar desempregada em 1º de janeiro, se candidatar ao governo de Minas Gerais". E a petista respondeu: "Eu nasci em Minas Gerais muito antes do senhor, candidato. Eu saí de Minas Gerais porque fui perseguida, não para passear no Rio de Janeiro".

Mesmo quando o assunto não foi Minas Gerais, a baixaria continuou. Dilma perguntou para o tucano: "Candidato, eu queria saber o que senhor acha e como o senhor vê essa questão da Lei Seca e se todo cidadão que for solicitado deve se dispor a fazer exame de álcool e droga?". A pergunta – nada ingênua – reproduzia parte de dossiês que circulavam pela internet contra o ex-governador mineiro. O tucano respondeu diretamente – e pondo o dedo na ferida:

> Candidata, tenha coragem de fazer a pergunta direto. Eu tive um episódio sim, e reconheci, candidata, eu tenho uma capacidade que a senhora não tem. Eu tive um episódio que parei numa Lei Seca porque minha carteira estava vencida e ali naquele momento, inadvertidamente, não fiz o exame e me desculpei disso.

Dilma retrucou: "Eu, candidato, não dirijo sob efeito de álcool e droga".

Sobre os escândalos da Petrobras – tema inevitável – Aécio atacou a forma como a presidente tratou da questão: "Ou a senhora foi conivente ou foi incompetente na gestão da maior empresa pública do Brasil". E Dilma respondeu de pronto: "Vocês escondem a corrupção debaixo do tapete". Também bateram de frente quando o assunto foi a economia e o aumento da inflação: "A senhora será a primeira presidente da República a deixar o governo com uma inflação maior do que aquela que recebeu. Seu governo deixará uma herança perversa para o futuro: inflação e perda de credibilidade", disse Aécio. Para Dilma o panorama era muito distinto:

> Nós temos tido, candidato, dois choques de ofertas. Nós tivemos o choque de preço da energia. O outro foi o choque nos alimentos. Também por conta da seca. Tudo isso é passageiro. Não vou combater a inflação com os métodos de vocês que são arrochar, desempregar e não investir. Vocês nos entregaram o país com 11 milhões de desempregados.

No sábado, em um comício de apoio a Dilma em Belo Horizonte – mas sem a presença da candidata –, Lula comandou um festival de baixarias nunca visto em nenhuma campanha eleitoral brasileira. Foi lida uma carta de uma suposta psicóloga que "analisou" o tucano como "um ser desprezível", um "cafajeste" e "playboy mimado". Concluiu seu "diagnóstico" afirmando que ele teria "um transtorno mental". Pouco depois, foi ao palanque um rapper que, na presença de Lula, disse, para alegria dos presentes, que o tucano patrocinava festas com "pó royal", gíria que identifica cocaína.

Encerrando o ato, falou Lula. Não se sabia se o ex-presidente estava alcoolizado. Seria melhor se estivesse. Fez agressões à vida pessoal do opositor. Insinuou que Aécio agredia mulheres: "a tática dele é a seguinte: vou partir para a agressão. Meu negócio com mulher é partir para cima agredindo". Segundo Lula:

> [o] comportamento dele não é o comportamento de um candidato [...] É o comportamento de um filhinho de papai que sempre acha que os outros têm de fazer tudo para ele, que olha com nariz empinado. Eu não sei se ele teria coragem de ser tão grosseiro se o adversário dele fosse um homem.

Comparou o tucano com Fernando Collor – aliado do petismo desde 2006 e que esteve com Dilma, em Alagoas, na semana anterior:

> Em 1989, com medo de mim, com medo do Ulysses, do Brizola, com medo do Mário Covas, muitas vezes instigado pela imprensa, este país escolheu o Collor como presidente da República dizendo que era o novo. E vocês sabem o que aconteceu neste país.

Disse que nem na ditadura os professores mineiros foram tão perseguidos como durante os oito anos em que Aécio governou o estado. Citou novamente o episódio da blitz da Lei Seca, no Rio de Janeiro, disse que o tucano era "vingativo." Depois de tantos impropérios, ainda assumiu ar de moralista: "É muito grave, porque as pessoas se acham no direito de desrespeitar os outros com muita facilidade e depois ir para a imprensa se passar de vítima. Não é possível". Durante todo o seu discurso, o público o interrompia aos gritos de "Aécio cheirador".

O PT não tinha mais nenhum limite ético. O que importava era vencer a qualquer custo a eleição. Fariam de tudo para destruir o adversário. Dos 22 anúncios de 30 segundos utilizados na propaganda petista,

19 atacavam diretamente Aécio. Do lado tucano, dos 18 filmes, 8 eram de críticas diretas a Dilma. O comando petista tinha centrado numa suposta agressividade e deselegância de Aécio para com Dilma. Seus dirigentes espalharam pela internet acusações de que o tucano não respeitava as mulheres. Chegaram a lançar uma campanha: "Mais Dilma, mais amor". Ao chegar para o debate na Record, a petista já tinha incorporado o novo figurino, o de mulher frágil: "Aécio, precisa aprender a respeitar as mulheres, com mulher não pode ser assim", disse. No horário eleitoral da televisão, o tucano apresentou várias mulheres da sua família (mãe, irmã, esposa, filha) com depoimentos sobre a vida dos Neves. Foi uma tentativa de responder à desconstrução petista.

No domingo, 19 de outubro, foi realizado na Rede Record o terceiro debate do segundo turno. Diferentemente do anterior, desta vez o clima foi mais ameno e as agressões pessoais foram deixadas de lado. Nenhuma vez foram utilizadas as palavras "mentira" ou "leviana". Mesmo assim, a plateia aplaudiu diversas vezes e até chegou a vaiar os candidatos, o que não tinha ocorrido nos outros debates, ao menos não naquelas proporções.

Discutiu-se, finalmente, um pouco de política. Aécio escolheu o aumento da inflação: "Verdade, candidata, é que as pessoas estão apavoradas. O jornal *O Globo* desse final de semana mostra as pessoas no supermercado enchendo os carrinhos, fazendo de novo a compra do mês, que existia há quinze anos atrás". Dilma negou enfaticamente: "A inflação não está descontrolada como quer vocês", defendeu-se Dilma, tropeçando no português. "Vocês jogam no quanto pior, melhor. Eu tenho certeza que a inflação está sob controle. Ela está inteiramente controlada. E isto é inequívoco". O tucano aproveitou para contra-atacar: "A inflação está aí, é importante que você saiba. Para a presidente da República, não existe inflação, ela está sob controle. Inequívoco, segundo ela. Para mim não está!".

O desempenho da economia e o passado tucano foram novamente explorados pela petista: "O meu governo, candidato, ao contrário do seu, criou 5,6 milhões de empregos". Aécio aproveitou para dar uma tirada de bom humor: "A candidata afirma que seu governo gerou mais emprego do que o meu. Eu não governei o país, candidata, pelo menos ainda". Citou diversos dados econômicos dos países vizinhos demonstrando que estavam em situação melhor que o Brasil. Dilma insistiu em vinculá-lo ao passado e o tucano habilmente desviou para o que lhe interessava ser o herdeiro:

> Candidata, eu tenho um orgulho enorme de ter podido participar de um momento transformador da vida nacional, quando nós aprovamos o Plano Real, tiramos a inflação das costas dos brasileiros. Contra o voto do seu partido. E tenho certeza que a senhora assume essa responsabilidade... Votamos a Lei de Responsabilidade Fiscal, que reordenou a vida dos entes públicos brasileiros. Contra a posição do seu partido... Iniciamos os programas de transferência de renda, depois ampliados, candidata, pelo seu partido.

A Petrobras não poderia deixar de estar presente. O tucano aproveitou para relacionar a empresa, o tesoureiro do PT e a forma como o partido tratava o patrimônio público:

> Candidata, eu cobrei durante todos esses últimos debates uma posição da senhora em relação a Petrobras. Não obtive. Mas agora eu quero aqui fazer um reconhecimento de público: a senhora ontem reconheceu que houve desvios na Petrobras. [...] Aquele que é denunciado, para recebimento dessa propina, o tesoureiro [do PT] João Vaccari Neto, continuará também como membro do Conselho de Itaipu? A senhora confia nele, candidata?

A petista desviou a resposta para o campo que a interessava, tentando "socializar" a corrupção:

> Candidato, o senhor confia em todos aqueles que, segundo as mesmas fontes que acusam o Vaccari, dizem que o seu partido, o presidente dele [Sérgio Guerra], que lamentavelmente está morto, recebeu recursos para acabar com a CPI? O senhor acredita, candidato? Eu queria lembrar o senhor de uma coisa: da última vez que um delator [da empresa Siemens] denunciou pessoas do seu partido no caso do metrô e dos trens [em São Paulo], o senhor disse que não ia confiar na palavra

de um delator. Eu sou diferente, candidato. Eu acredito no seguinte, eu sei que há indícios de desvio de dinheiro.

Aécio contra-atacou e deixou Dilma numa situação difícil:

A senhora foi presidente do Conselho de Administração durante um longo tempo. Como essas coisas poderiam acontecer de uma forma tão sistêmica, candidata? Isso que é grave, e isso que precisa mudar no Brasil, nós precisamos profissionalizar as nossas empresas, tirá-las da agenda política.

E continuou: "As pessoas estão sendo nomeadas para prestar serviços seja para o partido da presidente, ou do presidente [Lula], ou para partidos da base. É isso que, infelizmente, vem acontecendo".

O velho tema da privatização dos bancos estatais – que o PT usou nas campanhas de 2006 e 2010 – reapareceu. Quando perguntada porque insistia em creditar ao tucano o desejo de limitar a ação destes bancos, Dilma respondeu: "Terrorismo é o que faz o seu candidato a ministro da Fazenda. Eu se fosse funcionário do Banco do Brasil, da Caixa e do BNDES, eu ficava com três pulgas atrás da orelha". Aécio aproveitou para alfinetar a adversária: "No nosso governo os bancos públicos serão fortalecidos. Não vão entrar na cota política".

A relação entre o governante e as instituições – tema importante – foi tocado meio que de passagem. Dilma, não pela primeira vez, disse que mandava investigar, esquecendo que a Polícia Federal é uma instituição de Estado e o Ministério Público é um órgão independente do Executivo. De pronto recebeu resposta do tucano: "Que triste de um país onde um presidente manda investigar, isso funcionaria em ditaduras amigas de seu governo. Quem investiga são as instituições".

Lula continuou na ofensiva. Resolveu ter uma participação mais ativa na campanha na última semana antes da eleição. Participou de atos para mobilizar os petistas. Já era parte da história do partido a ação voluntária dos militantes. Há mais de uma década a profissionalização do PT tinha adotado os cabos eleitorais, todos pagos. Mas, em 20 de outubro, ainda em busca do tempo perdido, Lula foi o principal orador de um ato no teatro Tuca, da PUC, em São Paulo. Não economizou críticas a Aécio. Foi além: transformou Dilma – a gerentona que ele tinha criado em 2009 – numa criatura frágil, quase meiga: "Dilma apanha mais do que eu. Analisando o tratamento de Aécio a Dilma, eu sinceramente fico pensando que esse rapaz deve ter um problema. Ele é grosseiro. Jamais teria coragem de chamá-la de leviana e mentirosa". E continuou: "Eu não imaginei que o neto de Tancredo tivesse tanto ódio. Ele não fala apenas que quer ganhar da Dilma, mas também que quer derrubar o PT, quer tirar a gente do país". E os ataques dele a Marina Silva, que levaram a então candidata a chorar numa entrevista, já eram – para Lula – coisa do passado.

No dia seguinte, Lula aproveitou até para, segundo seus conhecimentos, relacionar a política com o Salvador: "Eles são intolerantes. Outro dia eu dizia para eles: vocês são mais intolerantes que Herodes, que mandou matar Jesus Cristo com medo dele virar o homem que virou". Mas não deixou de lado uma de suas fixações: a imprensa. Também atacou os que não seguiam o credo petista: "Daqui para frente é a Miriam Leitão na televisão, e a gente falando bem dela [Dilma] na periferia. É o [William] Bonner falando mal dela no *Jornal Nacional* e a gente falando bem dela em casa. Agora somos nós contra eles".

Na noite de segunda-feira, foi divulgada a primeira pesquisa da última semana da eleição. Primeira de várias outras que estavam sendo prometidas pelos institutos de pesquisas. Segundo o Datafolha, teria havido uma inversão nas intenções de voto: Dilma suplantou Aécio: 52 a 48%. A distribuição regional das intenções de voto tinha permanecido a mesma. Porém, Dilma tinha crescido de 35 para 40% no Sudeste e Aécio tinha caído um ponto. Portanto, foi um crescimento principalmente com base nos indecisos. No Sul, Dilma caiu de 34 para 33%, mas Aécio caiu dois pontos: de 53 para 51%. Em termos percentuais, o maior crescimento de Dilma foi no Centro-Oeste: de 33 para 39%. Na mesma região, ocorreu a maior queda de Aécio: de 57 para 48%. No Norte – o menor colégio eleitoral – Dilma cresceu quatro pontos – de 51 para 55% – e Aécio caiu um – de 40 para 39%. Na faixa de renda do que ficou sendo considerada a classe C – entre dois a cinco salários mínimos – Aécio caiu quatro pontos: de 50 para 46% – e Dilma cresceu quatro – de 39 a 43%.

O resultado deu um novo alento à candidatura petista. Os ataques contra o tucano estavam dando resultado especialmente entre os brasileiros de menor renda familiar – que representavam a maioria dos eleitores. Entre aqueles que ganhavam até dois salários mínimos, Dilma tinha crescido de 53% para 55%, e Aécio, um ponto: de 35% para 34%, dando um resultado final de 21 pontos percentuais favoráveis à candidata oficial.

O TSE aprovou a concessão de liminares solicitadas pelos dois partidos contra o que foi considerado exagero crítico nas propagandas do horário eleitoral. O PT perdeu 4 minutos da televisão e os tucanos 2 minutos e 30 segundos. Mas a política do vale-tudo petista ignorou o TSE e continuou atacando duramente Aécio. Estranhamente, 71% dos entrevistados pelo Datafolha criticaram a agressividade da campanha. Destes, 36% consideraram Aécio o mais agressivo; ambos foram considerados igualmente agressivos por 32% dos entrevistados e 24% viram mais agressividade em Dilma. Mais uma vez, Lula foi aquele que melhor leu a conjuntura. Foi o articulador da ofensiva contra Aécio e compreendeu que a maioria do eleitorado não entenderia as agressões como calúnias, da mesma forma como Marina foi destruída no primeiro turno.

A petista continuava percorrendo o país em ritmo frenético. No Rio de Janeiro, fez duas carreatas no mesmo dia: uma com Pezão (PMDB) e outra com Crivella (PRB), ambos de partidos que faziam parte da base governista no Congresso e finalistas para o segundo turno. Esteve também em Petrolina (PE) onde foi realizado um grande comício que teve participação direta de ONGs na organização do evento. Só uma delas, a Articulação do Semiárido Brasileiro (ASA), levou 99 ônibus com sertanejos para servir de claque. A ONG recebeu em quatro anos de governo Dilma R$ 587 milhões de recursos oficiais. E, enquanto seguia a campanha, como estava a Presidência da República? Literalmente abandonada. Em 20 de outubro, Dilma completou 31 dias sem sequer pisar no Palácio do Planalto.

Lula continuava em campanha. E atacando Aécio Neves. Em Recife, disse: "Onde estava o candidato quando esta moça [Dilma], aos vinte anos, estava colocando a vida em risco na luta pela liberdade deste país? Estava aprendendo a ser grosseiro, a ser mal educado?". No momento em que Dilma aderiu à luta armada, Aécio tinha nove anos e cursava o

3º ano primário. Não satisfeito, o ex-presidente partiu para comparar o Brasil à Alemanha dos anos 1930: "Se o Nordeste ouviu, se o Nordeste leu o preconceito contra nós, contra as injustiças. Parece que estão agredindo a gente como os nazistas agrediam na Segunda Guerra".

No penúltimo dia da campanha eleitoral, os petistas continuavam confiantes. Consideravam que Dilma tinha crescido após os ataques ao tucano, especialmente aqueles que alegavam um suposto desrespeito às mulheres – repetiu-se diversas vezes um trecho de um dos debates em que Aécio chamou Luciana Genro de leviana e um outro no qual, em outro debate, fez o mesmo com Dilma.

O governo segurou a divulgação da arrecadação de tributos, receoso de que à agenda negativa fossem acrescidos dados preocupantes que reforçariam a sensação de estagnação da economia. Também não divulgou avaliação dos alunos em português e matemática que, segundo fontes oficiosas, era ruim. Economistas não conseguiram entender o otimismo da população segundo pesquisa do Datafolha. O índice do IPCA de setembro estava acima do teto da inflação: 6,75%. Só a inflação de alimentos atingiu 8,2%. O desemprego em agosto estava em 5%, 0,2% superior a junho. Vinham sendo geradas menos vagas que nos anos anteriores. Mas a situação geral não tinha se modificado. Era consenso que o futuro da economia deveria ser ruim e que, independentemente de qual candidato vencesse, alguns remédios amargos seriam adotados.

Também foi vista como uma manobra governista a divulgação por parte de uns dos acusados na Operação Lava Jato de que o ex-presidente do PSDB, Sérgio Guerra, teria recebido do esquema de corrupção da Petrobras R$ 10 milhões para sabotar a CPI que investigava a estatal. O próprio advogado do doleiro Alberto Youssef, Antonio Figueiredo Bastos, declarou que seu cliente nunca teria realizado operações para políticos do PSDB:

> Não sei quais os interesses que movem Leonardo Meirelles [dono do Laboratório Labogen, um dos envolvidos no esquema de corrupção envolvendo doleiros e a Petrobras] a dizer agora que Youssef tinha negócios com o PSDB. Deve ter seus objetivos eleitorais. Mas Youssef não é movido por questões partidárias e está disposto a desmentir Meirelles, garantindo jamais ter tido negócios com o PSDB.

Disse que era uma mentira e que a delação não tinha sentido partidário: "Se ele não provar, vou responsabilizá-lo criminalmente por este fato".

Dilma fez campanha em Minas e no Rio e Aécio foi a Belo Horizonte. A petista insistiu no discurso do medo:

> O que está em jogo é o futuro do nosso país. Nós sabemos quem é que no passado desempregou, quem é que conseguiu bater recorde de desemprego em 2002. O governo Fernando Henrique. Está em jogo o salário, o salário mínimo, porque o candidato deles a ministro da Fazenda acha alto demais e tem de reduzir.

O tucano relacionou a sua eleição com a do avô, em 1985:

> São pouquíssimos dias que nos separam da libertação do Brasil. Porque, se há trinta anos atrás, o pai da minha mãe, o presidente Tancredo Neves, nos libertou da ditadura, eu vou libertar o Brasil de um grupo que se apropriou do poder em benefício de um pequeno grupo e em detrimento dos interesses maiores da nossa gente. Não venho para dividir, venho unir esse país em torno dos valores como os da ética e da honradez.

Em São Paulo, à noite, no Largo da Batata, foi realizada uma grande concentração tucana. Segundo a Polícia Militar, estavam presentes 10 mil pessoas. Discursaram José Serra e Fernando Henrique. O evento, convocado através das redes sociais, foi uma rara demonstração de mobilização popular tucana.

Na televisão, a propaganda tucana teve a participação, pela primeira vez, de Marina Silva. A ex-senadora atacou a propaganda petista: "Espalham medo, partem para ataques pessoais em vez de debater projetos porque sabem que assim evitam expor as fraquezas e os erros do seu governo". No período da tarde, Renata Campos deu um depoimento de apoio ao tucano, sendo secundada por Paulo Câmara, governador eleito de Pernambuco. À noite, Aécio ocupou boa parte do programa eleitoral:

Em uma covarde onda de falsidades e calúnias, tentam jogar na lama o nome honrado da minha família, tentam jogar na lama o meu nome. Infâmias e gravíssimas mentiras são espalhadas contra mim nas redes sociais por um exército clandestino. Sem nenhuma prova, me acusam de comportamento criminoso. Chegaram a insinuar de forma covarde que eu poderia ser desrespeitoso com as mulheres, ofendendo minha esposa, minha filha de 23 anos, minha mãe e todas as mulheres do Brasil.

Na noite de quinta-feira, 23, foi divulgada mais uma pesquisa Datafolha. Na última, em relação aos votos válidos, Dilma tinha uma vantagem de quatro pontos percentuais. Nesta, saltou para seis, ficando com 53% das intenções de voto contra 47%, portanto, pela primeira vez fora da margem de erro. Segundo o instituto, entre as mulheres ela vencia por 54 a 46% – no levantamento realizado em 9 de outubro a diferença era de apenas quatro pontos, sinal de que os ataques ao "machismo" de Aécio estavam obtendo resultado – e entre os homens a vitória da candidata oficial era mais apertada: 52 a 48%.

De acordo com as faixas de renda, Dilma ampliou a vantagem entre os eleitores que tinham renda familiar até dois salários mínimos: passou de 61 para 64%, e Aécio caiu de 39 para 36% – mais uma demonstração de que, entre os mais pobres, os ataques petistas tinham alcançado o objetivo. O quadro era diverso entre aqueles que tinham renda familiar entre cinco a dez salários mínimos. Entre estes, Aécio cresceu de 60 para 65%, e Dilma caiu de 40 para 35% – neste caso, a propaganda de desconstrução foi rejeitada, provavelmente por este segmento ter mais informações e, consequentemente, maior possibilidade para comparar, refletir e ter uma opinião própria.

No voto regional, Dilma continuava perdendo em três regiões: Centro-Oeste, Sul e Sudeste. Na primeira, diminuiu a diferença de 16 pontos para 12 (56 a 44%); na segunda, a queda também foi acentuada, indo de 16 pontos para 14 (57 a 43%) e na terceira – a região com o maior número de eleitores, 43,7% do total –, caiu a diferença de 10 pontos para 8 (54 a 46%). No Rio de Janeiro, Dilma ampliou a diferença chegando a 18 pontos (59 a 41%), em Minas estava empatada com Aécio e em São Paulo continuava perdendo, mas tinha crescido seis pontos chegando a 39%.

O Ibope também divulgou sua pesquisa. Os resultados foram próximos aos do Datafolha. Dilma estava oito pontos à frente de Aécio: 54 a 46%. Os dados diferiam na distribuição das intenções de voto por região. Mas ainda não estava claro como as abstenções influenciariam o resultado final. As duas pesquisas captavam somente a intenção de voto do pesquisado. Dilma poderia ser afetada, pois nas regiões Norte e Nordeste, onde liderava com facilidade, a abstenção tradicionalmente era mais expressiva que no resto do país e ainda maior no segundo turno, tendência que vinha desde a eleição de 2002. Para Dilma "está havendo uma espécie de virada, há uma virada visível nas ruas. [O resultado da eleição] só estará consolidado quando fechar a urna". Já Aécio considerou que "uma espiral silenciosa vai nos levar à vitória. Não paro para avaliar pesquisa. Senão eu não estaria no segundo turno. Vimos no primeiro turno a distância entre a vontade do eleitor e as pesquisas".

Esperava-se o último debate que, tradicionalmente, é realizado na Rede Globo, na última sexta-feira que antecede a eleição. Se os institutos de pesquisa falharam – e feio – no primeiro turno, mesmo assim era possível sentir no ar uma leve tendência para a candidatura oficial. Aécio manteve o pique da campanha e sabia que o encontro dos presidenciáveis na Rede Globo seria, para ele, mais decisivo do que para Dilma. A eleição ainda estava indefinida. Haja coração.

CAPÍTULO 13

48 horas agitadas

A sexta-feira, antevéspera da eleição, foi marcada pela repercussão da matéria de capa da revista *Veja*, que exibia o título "Eles sabiam de tudo". Os rostos de Dilma e Lula, separados, adornavam a capa. Ao centro, vinha a chamada: "O doleiro Alberto Youssef, caixa do esquema de corrupção na Petrobras, revelou à Polícia Federal e ao Ministério Público, na terça-feira passada, que Lula e Dilma Rousseff tinham conhecimento das tenebrosas transações na estatal". A reportagem transcreveu um trecho do depoimento de Youssef à Polícia Federal:

Perguntado sobre o nível de comprometimento de autoridades no esquema de corrupção na Petrobras, o doleiro foi taxativo:
– O Planalto sabia de tudo!
– Mas quem no Planalto, perguntou o delegado?
– Lula e Dilma, respondeu o doleiro.

Os petistas tentaram, através do Tribunal Superior Eleitoral, tirar do ar os posts da *Veja* no Facebook. A liminar acabou sendo rejeitada pelo tribunal. Pouco mais tarde, Aécio Neves, em breve entrevista, afirmou:

A denúncia é extremamente grave e tem que ser confirmada, mas é preciso também que seja apurada. O Brasil merece resposta daqueles que governam o país. Infelizmente, a única manifestação foi pela censura, pela retirada de circulação da maior revista nacional. Essa não é, certamente, a resposta que os brasileiros aguardam.

Dilma usou o horário eleitoral, horas depois de a revista ter chegado às bancas, para responder:

Minhas amigas e meus amigos, eu gostaria de encerrar minha campanha na TV de outra forma. Mas não posso me calar frente a este ato de terrorismo eleitoral articulado pela revista *Veja* e seus parceiros ocultos. Uma atitude que envergonha a imprensa e agride a nossa tradição democrática. Sem apresentar nenhuma prova concreta e mais uma vez baseando-se em supostas declarações de pessoas do submundo do crime a revista tenta envolver diretamente a mim e ao presidente Lula nos episódios da Petrobras que estão sob investigação da Justiça. Todos os eleitores sabem da campanha sistemática que essa revista move há anos contra Lula e contra mim. Mas, dessa vez, a *Veja* excedeu todos os limites.
Desde que começaram as investigações sobre ações criminosas do senhor Paulo Roberto Costa, eu tenho dado total respaldo ao trabalho da Polícia Federal e do Ministério Público. Até a sua edição de hoje, às vésperas da eleição em que todas as pesquisas apontam a minha nítida vantagem sobre meu adversário, a maledicência da *Veja* se limitava a insinuar que eu poderia ter sido omissa na apuração dos fatos. Isso já era um absurdo, isso já era uma tremenda injustiça. Hoje, a revista excedeu todos os limites da decência e da falta de ética, pois insinua que eu teria conhecimento prévio dos malfeitos na Petrobras e que o presidente Lula seria um dos seus articuladores.
A revista comete esta barbaridade, esta infâmia contra mim e Lula sem apresentar a mínima prova. Isso é um absurdo, isso é um crime. É mais do que clara a intenção malévola da *Veja* de interferir, de forma desonesta e desleal, nos resultados das eleições. A começar pela antecipação da sua edição semanal para hoje, sexta-feira, quando normalmente chega às bancas no domingo. Mas como das outras vezes, e em outras

eleições, *Veja* vai fracassar no seu intento criminoso. A única diferença é que, desta vez, ela não ficará impune. A Justiça livre deste país seguramente vai condená-la por este crime. Ela e seus cúmplices tampouco conseguirão sucesso no seu intento de confundir o eleitor.

O povo brasileiro tem maturidade suficiente para discernir entre a mentira e a verdade. O povo brasileiro sabe que não compactuo nem nunca compactuei com a corrupção. A minha história é um testemunho disso. E sabe que farei o que for necessário, doa a quem doer, toda a vez que houver necessidade de investigar e de punir os que mexem com o patrimônio do povo. Sou uma defensora intransigente da liberdade de imprensa, mas a consciência livre da nação não pode aceitar que mais uma vez se divulguem falsas denúncias no meio de um processo eleitoral em que o que está em jogo é o futuro do Brasil. Os brasileiros darão sua resposta à *Veja* e a seus cúmplices nas urnas, e eu darei a minha resposta a eles na Justiça.

Em seu site, a revista respondeu à presidente três horas depois:

A presidente Dilma Rousseff, candidata à reeleição, ocupou parte de seu horário eleitoral para criticar VEJA, em especial a reportagem de capa desta semana. Em respeito aos nossos leitores, VEJA considera essencial fazer as seguintes correções e considerações:
Antecipar a publicação da revista às vésperas de eleições presidenciais não é exceção. Em quatro das últimas cinco eleições presidenciais, VEJA circulou antecipadamente, no primeiro turno ou no segundo.
Os fatos narrados na reportagem de capa desta semana ocorreram na terça-feira. Nossa apuração sobre eles começou na própria terça-feira, mas só atingiu o grau de certeza e a clareza necessária para publicação na tarde de quinta-feira passada.
A presidente centrou suas críticas no mensageiro, quando, na verdade, o cerne do problema foi produzido pelos fatos degradantes ocorridos na Petrobras nesse governo e no de seu antecessor.
Os fatos são teimosos e não escolhem a hora de acontecer. Eles seriam os mesmos se VEJA os tivesse publicado antes ou depois das eleições.
Parece evidente que o corolário de ver nos fatos narrados por VEJA um efeito eleitoral por terem vindo a público antes das eleições é reconhe-

cer que temeridade mesmo seria tê-los escondido até o fechamento das urnas.

VEJA reconhece que a presidente Dilma é, como ela disse, "uma defensora intransigente da liberdade de imprensa" e espera que essa sua qualidade de estadista não seja abalada quando aquela liberdade permite a revelação de fatos que lhe possam ser pessoal ou eleitoralmente prejudiciais.

O jornal *O Estado de S. Paulo* publicou mais declarações do doleiro Alberto Youssef ligando o ex-presidente Lula ao esquema de corrupção. Segundo o doleiro, "Lula ligou para o Gabrielli e falou que tinha de resolver esta merda". Isto, segundo Youssef, teria ocorrido em 2010 e envolveria uma agência de publicidade que faria parte do amplo esquema de corrupção envolvendo a Petrobras e os diversos fornecedores da empresa. De acordo com ele:

> todas as pessoas com quem eu trabalhava diziam o seguinte: "todo mundo sabia lá em cima que tinha aval para operar". Não tinha como operar um tamanho esquema desse se não houvesse o aval do Executivo. Não era possível que funcionasse se alguém de cima não soubesse, as peças não se moviam.

Os candidatos ficaram concentrados no Rio de Janeiro para o debate que seria realizado à noite na Rede Globo. Estavam com suas equipes de campanha preparados para o último embate entre os presidenciáveis. Foi o momento de repassar temas e preparar a estratégia para o enfrentamento considerado decisivo, tendo em vista o equilíbrio apresentado nas últimas pesquisas, que ainda davam Dilma à frente, mas com a possibilidade de uma nova reviravolta.

Às 22:08 começou o último debate do segundo turno.[21] William Bonner, o mediador, explicou as regras: nos primeiro e terceiro blocos os candidatos fariam perguntas diretas um para o outro; nos segundos e quarto blocos seriam sorteados eleitores indecisos que fariam suas perguntas aos candidatos.

---

21. Dada a sua importância, para este último debate optei pela transcrição literal das perguntas e respostas dos candidatos.

Aécio foi sorteado para a primeira pergunta e já foi direto ao tema do dia – mesmo esquecendo de nominar o nome da revista *Veja*:

Candidata, essa campanha vai passar para a história como a mais sórdida das campanhas eleitorais do nosso sistema democrático, a calúnia, a infâmia, as acusações irresponsáveis foram feitas não em relação a mim, mas a Eduardo Campos, em relação a Marina, agora em relação a mim, isso é um péssimo exemplo, mas eu faço uma pergunta, candidata. A revista hoje publica que um dos delatores do "petrolão" disse que a senhora e o ex-presidente Lula tinham conhecimento da Petrobras. Dou a oportunidade, a senhora sabia, candidata, da corrupção na Petrobras?

Dilma, provavelmente, não esperava uma pergunta tão direta. Respondeu sem muita ênfase, dando a impressão de que estava na defensiva:

Candidato, é fato que o senhor tem feito uma campanha extremamente agressiva a mim e isso é reconhecido por todos os eleitores. Agora, essa revista que fez e faz sistemática oposição a mim faz uma calúnia, uma difamação do porte que ela fez hoje, e o senhor endossa a pergunta. Candidato, a revista *Veja* não apresenta nenhuma prova do que faz. Eu manifesto aqui a minha inteira indignação. Porque essa revista tem o hábito de nos finais das campanhas, na reta final, tentar dar um golpe eleitoral e isso não é a primeira vez que ela fez. Fez em 2002, fez em 2006, fez em 2010, e agora faz em 2014. O povo não é bobo, candidato. O povo sabe que está sendo manipulada essa informação porque não foi apresentada nenhuma prova. Eu irei à Justiça para defender-me e ao mesmo tempo, eu tenho certeza que o povo brasileiro vai mostrar a sua indignação no domingo, votando e derrotando essa proposta que o senhor representa e que é o retrocesso no Brasil.

Aécio replicou acrescentando mais uma denúncia:

Candidata, apenas dei a senhora a oportunidade de apresentar sua defesa. Não acredito que a acusação à revista ou a tentativa que seu partido fez hoje de tirá-la de circulação seja a melhor resposta. A delação premiada só traz ao réu o benefício se ele obviamente apresentar provas, caminhos que levem a comprovação das acusações. E nós temos que aguardar que isso ocorra. Uma outra revista, para ver que não há um complô contra a senhora, lança hoje na sua capa, a revista *IstoÉ* fala da campanha da mentira, da campanha da infâmia. Hoje aqui no Rio de Janeiro, na sede do seu partido, foram apreendidos boletins apócrifos contra a minha candidatura. Se o eleitor votar no 45, ele está desligado automaticamente do Bolsa Família. A senhora se orgulha, candidata, de uma campanha feita nesse nível?

Na tréplica Dilma se esquivou de responder diretamente à segunda denúncia do tucano e concluiu de forma confusa sua intervenção:

Candidato, eu fico muito estarrecida com o senhor. Porque eu, na minha vida política, na minha vida pública, jamais persegui jornalista. Jamais reprimi a imprensa, tenho respeito pela liberdade de imprensa, porque eu vivi os tempos escuros desse país. Agora, candidato, eu acredito que o senhor cita duas revistas, candidato, que nós sabemos para quem fazem campanha. E acredito que a partir de segunda-feira vai desaparecer essa acusação. Agora, eu não vou deixar que ela desapareça. Eu vou investigar os corruptos e os corruptores e os motivos pelos quais isso chegou a esse ponto.

Dilma fez sua primeira pergunta retomando tema de debate anterior e muito explorado pela propaganda petista:

Candidato, o Brasil é um país que se destaca hoje no mundo pelo fato de ter criado milhões de empregos. Nós não só criamos empregos como também tivemos um aumento significativo da renda neste mês de setembro, 1,5% real. O senhor concorda com o que fala o seu candidato a ministro da Fazenda, que diz que o salário mínimo está alto demais?

Não foi uma boa questão pois permitiria – como permitiu – ao tucano esclarecer sua posição, apresentar o que pensava sobre o tema e criticar a política econômica:

Candidata, não é justo colocar palavra na boca de quem não está aqui para respondê-la, eu tenho orgulho enorme do meu candidato a ministro da Fazenda. A senhora parece que não tem do seu, até porque já demitiu o atual ministro da Fazenda. Mas o Brasil, candidata, é visto pela comunidade internacional como um dos países que menos cresce na região. Temos uma taxa de investimento hoje de 16,5% do PIB, a pior da década, porque o seu governo afugentou os investimentos e a inflação infelizmente está de volta. A situação do Brasil é extremamente grave, candidata, e é preciso que seu governo reconheça isso, porque os mercados, outros países, os brasileiros, já reconhecem. O governo do PT, e o governo da candidata Dilma Rousseff fracassou na condução da economia, pois nos deixará uma inflação saindo de controle, por mais que ela não reconheça, um crescimento pífio, fracassou na gestão do Estado nacional, o Brasil é hoje um cemitério de obras com sobrepreços e fortes denúncias de desvios por toda a parte e fracassou na melhoria dos nossos indicadores sociais. Lamentavelmente, candidata, este é o retrato do Brasil real. Não é o retrato do Brasil da propaganda do seu marqueteiro, mas nós vamos mal na saúde ou a senhora acha bem? Vamos mal na educação. A senhora será a primeira Presidente da República pós-Plano Real que deixará o país com uma inflação maior do que aquela que recebeu.

A réplica de Dilma não foi feliz. Acabou se equivocando quando falou de inflação. Foi mais uma demonstração de que, para participar de um debate como aquele, faltava-lhe experiência parlamentar ou sindical para ter o devido jogo de cintura:

Eu acho que o senhor está mal informado, porque quem deixou o país com uma inflação maior do que recebeu foi o governo tucano, do Fernando Henrique. Além disso, candidato, eu queria dizer que nós criamos empregos sim, candidato, o senhor não pode questionar esse fato. São dados reais. Nós aumentamos o salário mínimo 71% em termos reais. Além disso, candidato, saúde, quem não gastou o mínimo constitucional foi o senhor quando era governador, que ficou devendo oito bilhões. Além disso, candidato, eu quero deixar claro que eu tenho certeza que eu, neste próximo mandato, farei um governo muito melhor se for eleita, principalmente controlando a inflação.

Aécio, na tréplica, foi mais uma vez melhor que a petista:

Vamos aguardar o eleitor decidir se a senhora terá um próximo governo, candidata. Nós estamos falando para milhões e milhões de brasileiros. A senhora acaba de dizer que o governo do presidente Fernando Henrique deixou a inflação maior do que recebeu. Em 94, candidata, a inflação era de 916% ao ano. O Plano Real, que seu partido votou contra, permitiu que ela chegasse a 7,5%, e depois, com a eleição do Presidente Lula, a 12,5%. Eu pergunto ao telespectador, você confiaria mais no governo que traz a inflação desse patamar de 916% ao ano ou deixar esse período do Lula na minha conta, a 12%, ou quem a entrega maior como acontece no caso da presidente Dilma? A história, a gente não reescreve, o futuro, sim, esse nós podemos escrever de forma diferente do que está sendo escrito pelo seu governo.

Na sua vez de perguntar, o tucano continuou na ofensiva:

Candidata, nós sabemos da absoluta carência de infraestrutura por todas as partes, falta tudo, ferrovias, hidrovias, portos. O seu governo optou por financiar a construção de um porto em Cuba, gastando R$ 2 bilhões do dinheiro brasileiro, do dinheiro do trabalhador brasileiro. Enquanto os nossos portos estão aí aguardando investimentos. Nenhum teve investimentos nessa monta. O que é mais grave, este financiamento vem com carimbo de secreto, ele não é acessível a população brasileira. O que o seu governo tem a esconder, candidata, em relação ao financiamento do porto de Mariel em Cuba?

Mais uma vez, Dilma não respondeu o cerne da pergunta e apresentou número extremamente questionáveis de empregos criados no Brasil por causa das obras do porto cubano:

O meu governo, nada. Agora acredito que o seu tem muito que esconder quando se trata dos gastos com publicidade, não claramente veiculados no que se refere aos jornais e a televisão da sua família. Acredito, senador, que é necessário a gente parar e olhar com muita cautela essa questão do porto. Nós financiamos uma empresa brasileira, que gerou empregos no Brasil. Tanto que gerou emprego que foram quase, dos 800 milhões contratados, nós conseguimos gerar 456 mil empregos. E quero lembrar ao senhor que também o governo Fernando Henrique financiou empresas brasileiras a exportar e a colocar produtos tanto na Venezuela quanto em Cuba. Então, eu não entendo o estarrecimento do senhor. Agora eu queria voltar à questão do emprego. Candidato, vocês deixaram o país com 11 milhões e 400 mil pessoas desempregadas. Candidato, era a maior taxa, só perdia para Índia, que tinha 41 milhões. Vocês bateram o recorde de desemprego, recorde de baixos salários e quando o senhor se refere a inflação, o senhor está falando do governo Itamar, e não do Fernando Henrique.

O tucano continuou na ofensiva, apresentou mais dados e colocou a questão democrática no debate:

Mais um engano da senhora, mas volto a Cuba que é minha pergunta, candidata, e talvez eu possa aqui revelar hoje ao Brasil as razões pelas quais este empréstimo é considerado secreto, diferente de todos esses outros a que a senhora se referiu. Recebi um documento hoje e estou solicitando que seja enviado a Procuradoria Geral da República para que faça a investigação, um documento do Ministério do Desenvolvimento Econômico que diz que o financiamento para Cuba, diferente do financiamento para outros países onde o prazo normal para pagamento é de doze anos, foi de 25 anos. E o mais grave, candidata, todos esses financiamentos e a solicitação do governo brasileiro e do grupo técnico era de que as garantias fossem dadas em uma moeda forte, geralmente euro ou dólar, em um banco internacional de credibilidade. O governo brasileiro aceitou que essas garantias fossem dadas em pesos cubanos num banco na ilha de Cuba. É justo com o dinheiro brasileiro fazer favores a um país amigo que não respeita sequer a democracia, candidata?

Dilma, na tréplica, acabou se confundindo, tendo dificuldade de manejar as informações e fez uma referência final às empresas de comunicação da família Neves que ficou incompreensível, além de dissociada do contexto da pergunta que tratava de liberdade em um país ditatorial, caso radicalmente distinto do Brasil:

> Candidato, não tem Ministério do Desenvolvimento Econômico, tem Ministério do Desenvolvimento, Indústria e Comércio. E Relações Internacionais. Candidato. Então eu queria te dizer o seguinte, sempre que se financia uma empresa, as cláusulas do financiamento diz respeito a essa empresa. As garantias são elas quem dá, não é Cuba. Quem dá a garantia é a empresa brasileira para o BNDES. Então, candidato, o que eu quero te dizer, eu quero te dizer que você pondere. O governo Fernando Henrique fez o mesmo empréstimo. Nós também fizemos. Mas beneficiamos quem, candidato? Empregos brasileiros, brasileiros que são empregados. Eu queria também que o senhor tivesse tanto zelo pela liberdade de informação no caso das empresas que o senhor tem em Minas.

Na sua vez, Dilma retomou um tema explorado desde os primeiros debates desta eleição, o programa de construção de moradias populares. Era uma forma de apresentar mais uma vez um das suas principais bandeiras:

> O Minha Casa Minha Vida é o maior programa habitacional do Brasil. O senhor tem feito algumas críticas a ele. Eu não entendo a razão das críticas, uma vez que nós batemos todos os recordes construindo habitações no Brasil. Eu tenho certeza que nós iremos construir mais ainda se me for dado ser eleita. Gostaria que o senhor se pronunciasse a respeito de construções dentro da sua perspectiva de governo.

Aécio respondeu e aproveitou para denunciar mais uma manobra petista:

> Candidata, aproveito a pergunta sobre o Minha Casa Minha Vida para mais uma vez denunciar o terrorismo que o seu partido vem fazendo. Pessoas que estão na lista para serem beneficiadas pelo Minha Casa Minha Vida estão recebendo mensagens dizendo que se votarem no PSDB sairão do cadastro. Não é verdade. Eu quero tranquilizar a todas as bra-

sileiras e a todos os brasileiros, porque nós não vamos apenas manter o Minha Casa Minha Vida, nós vamos aprimorar, focando especialmente populações de mais baixa renda o atual governo não avançou, aquelas de até três salários mínimos, que existia no início do seu governo um déficit de quatro milhões e cem moradias, existe hoje um déficit de quatro milhões de moradias. Esta será uma grande prioridade no nosso governo e vamos fazer parcerias desburocratizadas, mais ágeis. Ninguém pode, candidata, querer se apropriar de programas como se fossem apenas seus, esses programas são da sociedade brasileira, eles são pagos com o dinheiro do trabalhador brasileiro e nós vamos subsidiar sim programas sociais como esses que têm alcance na vida real, que mudam a vida das pessoas, o que nós não vamos fazer no nosso governo é o Bolsa Empresário, que ajuda apenas a um grupo muito restrito de brasileiros em detrimento da grande maioria. Fique tranquila, candidata, fiquem tranquilos brasileiros porque nós vamos avançar e avançar muito mais também no programa habitacional.

Na réplica, a petista incluiu um novo tema: os bancos públicos. Porém, para o telespectador, não ficou clara a referência nem a crítica à gestão FHC:

Candidato, o senhor não entende, não conhece direito então esse programa. Porque o foco desse programa é em quem ganha uma renda de até R$ 1.600. Mas ele abrange também quem ganha até R$ 5 mil. Candidato, vocês falaram o tempo inteiro que os bancos públicos iam ser redefinidos, agora o senhor vem aqui e quer que as pessoas acreditem que vocês vão manter o subsídio? Eu não acredito nisso, candidato, eu não acredito nisso, porque vocês sistematicamente ao longo de todo o governo Fernando Henrique foram contra o subsídio. E para a pessoa que está nos assistindo ter uma ideia e para os indecisos aqui presentes terem uma ideia, caso fosse a preço de mercado, a prestação seria 940, dentro do Minha Casa Minha Vida o máximo é R$ 80.

Na tréplica Aécio aproveitou para acentuar, mais uma vez, o inchamento e aparelhamento da máquina pública:

Candidata, já lhe disse mais de uma vez, me honra muito a comparação com Fernando Henrique, mas eu me chamo Aécio Neves, eu disputo a presidência da República para governar a partir de primeiro de janeiro de 2015 e o tema que a senhora traz é um tema que merece também aqui uma reflexão, bancos públicos serão fortalecidos, não serão aparelhados no nosso governo, candidata. Em 2003, o Banco do Brasil tinha treze diretorias entre presidência, vice-presidência, e diretorias. Sabe quantas tem, candidata? Talvez a senhora nem saiba. Trinta e sete! Um terço delas ocupados por afiliados do PT. Esta é uma demonstração clara da perversidade do aparelhamento da máquina pública em benefício de um projeto de governo. Um vice-presidente preso na Itália e o vice atual alvo de gravíssimas denúncias.

Na sua vez de perguntar, o tucano destacou a questão da inflação, algo que vinha acentuando em todos os debates:

Candidata, vamos a um tema que interessa de perto a todos os brasileiros. Inflação, vamos voltar a ele, até porque é preciso que os brasileiros que nos assistem saibam que a senhora nos últimos debates reafirmou que a inflação no Brasil está sob controle. Eu não acredito nisso, candidata. Ela estourou o teto da meta, e ao mesmo tempo, a perversa equação que seu governo deixará ao sucessor, e estou preparado para ela, a inflação alta e crescimento baixo. Dou-lhe mais uma oportunidade, o que o seu governo fará se vencer as eleições para controlar a inflação, candidata, ou ela não é um problema?

Dilma foi bem na resposta e aproveitou para alfinetar Aécio sobre a taxa de desemprego no final da gestão FHC:

Candidato, vou me reportar primeiro ao Banco do Brasil, vocês deixaram o Banco do Brasil com uma grave dívida, candidato. Nós não, nós demos lucro no Banco do Brasil, profissionalizamos o Banco do Brasil, vocês quebraram a Caixa, candidato, quebraram o BNDES, reduziram tudo ao tamanho que vocês achavam que devia ter, ou seja, sem política industrial e sem política social. No caso da inflação o senhor pode ter certeza, candidato, é meu compromisso o controle da inflação. Nos últimos dez anos nós mantivemos a inflação dentro dos limites da meta, candidato, quem não mantinha a inflação dentro dos limites da meta é o senhor, apesar de agora desconhecer o governo Fernando Henrique, foi líder do governo Fernando Henrique, quem não mantinha era o governo Fernando Henrique. Que vocês querem botar na conta do Lula, que em 2002 era por causa do Lula que a inflação foi para 12,5%. Não senhor! Em 2001, ela estava já em 7,7%. Vocês chegaram à obra-prima, candidato, de aumentar imposto e deixar uma dívida pública muito maior do que a que vocês receberam. Candidato, não há termos de comparação entre o que nós fizemos e o que vocês fizeram. Nós enfrentamos a crise, não deixando que o desemprego e o salário recaísse, a diminuição do salário recaísse na conta do povo brasileiro.

Aécio, pela primeira vez no debate, criticou a dificuldade da adversária em organizar o raciocínio:

Candidata, muito confusa essa sua explicação, mas vou voltar a questão central, a senhora quer dizer então que foi o PT que controlou a inflação, não fomos nós com o Plano Real? A história não se reescreve, candidata. Nós fizemos naquele momento o que precisava ser feito e tenho uma honra e um orgulho enorme de ter hoje como aliado muito próximo o presidente Fernando Henrique, aquele a quem a senhora teceu elogios que talvez eu não tenha tido ainda a oportunidade de fazer, mas vamos voltar ao presente, porque as pessoas que nos escutam hoje, que nos assistem no Brasil inteiro, querem que nós falemos de futuro. Quem tem responsabilidade e compromisso com o controle da inflação, com a gestão profissional dos bancos públicos, somos nós. O seu governo deve à Caixa Econômica Federal mais de R$ 10 bilhões, deve ao Banco do Brasil R$ 8 bilhões do crédito safra, porque seu governo descontrolou a economia do país, candidata, esta é a realidade incontestável.

Como de hábito, Dilma voltou a criticar a gestão dos bancos públicos durante a presidência tucana:

Eu quero reiterar que vocês quebraram os bancos públicos no Brasil. Quero reiterar que a Caixa, que era um dos maiores bancos do país, vocês minguaram a Caixa. Vocês, candidato, eram contra fazer política social com subsídio. Agora o senhor vem para mim, com essa conversa que vocês vão fazer política social? Me desculpe, candidato, eu não acredito. Sabe por quê? Porque a prática fala muito mais que palavras vazias. E a prática de vocês é uma. Quando vocês enfrentavam a crise, vocês jogaram a crise nas costas de quem? O povo lembra, candidato. Jogaram a crise nas costas do povo brasileiro. Como? Desemprego e baixos salários. Mais claro do que isso, candidato, é impossível. Nós não, nós mantivemos o emprego e aumentamos o salário.

Dilma fez a última pergunta do primeiro bloco – e voltou a um tema recorrente, sempre recheado de números:

Candidato, eu sempre gosto de perguntar a respeito do Pronatec. Por que eu gosto do Pronatec? Porque o Pronatec resolve várias questões e desafios. Vocês fizeram uma lei proibindo que o Governo Federal fizesse e mantivesse escolas técnicas. Por isso fizeram ao longo de oito anos só onze escolas técnicas. O senhor era líder do FHC?

Aécio respondeu de imediato: "Eu era líder do PSDB, mas vamos deixar isso um pouco mais barato", diz Aécio. "Dá no mesmo", responde Dilma. "Para quem não conhece o Congresso Nacional, talvez sim, mas é muito diferente, muito diferente", retrucou Aécio. A plateia de convidados, pela primeira vez, se manifestou. William Bonner repreendeu: "Por favor, por favor. Não pode haver manifestação do público".

A resposta do tucano repetiu argumentos apresentados em debates anteriores:

O Pronatec é um inspiração, e é bom reconhecer isso, é um inspiração em programas como feito em São Paulo, as ETEC's do governador Geraldo Alckmin, do governador José Serra, cuja presença aqui hoje eu agradeço. A PEP em Minas Gerais, o programa de ensino profissionalizante de Minas Gerais inspiraram o Pronatec. Agora, falta fiscalização.

Essa última semana as denúncias em relação ao Pronatec são graves, candidata. Em relação às estatísticas. Porque vocês contabilizam o aluno quando ele entra e se ele ficou ali uma semana ou duas semanas e depois saiu ele continua fazendo parte da estatística. Aliás, o seu governo é o governo das estatísticas, desde que elas lhes sejam favoráveis, candidata. Nós vamos aprimorar esses programas, aumentando a carga horária, mais de 70% desses cursos têm uma carga horária de cerca de 160 horas. Venhamos e convenhamos, é muito pouco para a formação mais adequada do aluno e eu quero mais, eu quero que o aluno frequente o Pronatec, mas complete seu ciclo de estudo no ensino médio, candidata, isso sim vai permitir o Brasil dar um avanço na educação. O Pronatec é uma etapa apenas de um processo muito mais complexo e que tem que ser muito mais ousado e ambicioso do que esse que tem o seu governo.

A temperatura do debate diminui, pois discutir Pronatec era um tema pouco afeito a polêmicas e já tinha sido analisado à exaustão nos debates anteriores. Dilma replicou a fala de Aécio com argumentos já conhecidos:

Candidato, o senhor não respondeu. Vocês em oito anos fizeram onze escolas técnicas federais. Nós, candidato, fizemos 422. O Lula, 214, e eu 208. O meu número é só 1.600% maior que o que vocês fizeram em oito anos. Candidato, sabe por que fazer escolas técnicas foi importante? Porque ela é a base da parceria que nós fizemos com o sistema S. O Pronatec é um ensino gratuito, e ele comporta tanto ensino técnico de nível médio quanto qualificação profissional. É gratuito, o material é didático gratuito, o transporte, e a merenda. Candidato, vocês jamais tiveram um programa dessa dimensão. Aliás, o programa de vocês são programas-piloto. Pequenos e fragmentados.

Ficou tão sonso o debate que o mediador acabou encerrando o primeiro bloco sem que o tucano tivesse direito a tréplica. Bonner percebeu o erro, voltou atrás, pediu desculpas ao candidato – que, bem humorado, disse: "está perdoado, Bonner" – e passou a palavra a Aécio:

Candidata, eu acho que mais do que esses números decorados, vamos falar de educação, que é o essencial. O Brasil inteiro está nos escutando hoje, o que esse governo fez para que a qualidade da educação pública no Brasil avançasse? Absolutamente nada. Em qualquer ranking internacional, candidata, é vergonhosa a posição do Brasil, inclusive em relação a nossos vizinhos. Eu, se puder vencer essas eleições e ser lembrado com uma marca, eu digo a todos os brasileiros que quero ser lembrado como o presidente que revolucionou a educação no Brasil. Vocês tiveram doze anos e nada aconteceu, eu governei Minas com orgulho, candidata, com oito anos, e levei Minas Gerais, que não é o mais rico dos estados brasileiros, o segundo mais populoso, a ter a melhor educação fundamental do Brasil. E quem fez tem mais autoridade para dizer que vai fazer, candidata.

O primeiro bloco terminou morno. Depois de um breve intervalo, teve início o segundo bloco, agora com as perguntas dos indecisos. A primeira foi de Luiz Alexandre Filho:

Tenho 43 anos, sou florista. Qual será a sua política para quem mora de aluguel? Pois está cada vez mais difícil e muito mais caro alugar uma casa, os preços estão muito acima da inflação. Moro há quinze anos e meu aluguel triplicou nos últimos quatro anos.

Dilma respondeu:

Luiz Alexandre, muito boa pergunta. Você vai me dar oportunidade para lhe falar do Minha Casa Minha Vida. O Minha Casa Minha Vida contempla quem quer ter e comprar um imóvel até R$ 5 mil. Com vários níveis de subsídio. Até R$ 1.600, o subsídio é maior, mas nas duas outras faixas também tem subsídio que facilita a você a pagar a prestação. Que não compromete muito da sua renda, e ao mesmo tempo garante uma série de vantagens, como, por exemplo, que você não pague o seguro, porque nós assumimos o seguro, e você também não tenha de dar garantias, porque a gente tem um fundo garantidor. Assim, Luiz Alexandre, nós vamos fazer, se eu for eleita, mais 3 milhões de casas do

Minha Casa Minha Vida, e vamos reajustar as faixas de renda, ampliando as faixas de renda. Porque de quatro em quatro anos a gente faz isso. A gente amplia as faixas de renda. E assim, eu tenho certeza que você vai poder ser uma das pessoas contempladas, caso você seja sorteado, porque é um processo bastante democrático. Para impedir que haja uso político e manipulação. Não passa por nenhum órgão político, passa diretamente do empresário com você. O empresário que vai construir a casa e a gente não financia o empresário.

Pelas regras do debate, a palavra passou para o tucano:

Luiz Alexandre, é um drama que milhões de brasileiros vivem, a dificuldade de pagar aluguel e a dificuldade de ter a casa própria. Ao contrário do que nós assistimos na propaganda oficial, não foram entregues três milhões e meio de habitações no Brasil, foram entregues metade disso, se tivessem sido entregues 3,5 milhões de habitações, provavelmente 1,5 milhão, pouco mais disso, estariam numa situação hoje de muito mais tranquilidade. Nós vamos ampliar esses programas habitacionais com parcerias mais efetivas e desburocratizadas com os municípios e com os estados brasileiros. Este é o grande desafio. Eu dizia agora há pouco que ninguém pode ter a exclusividade da preocupação com a questão social. E nós teremos preocupação permanente em ampliar o programa habitacional e permitir que pessoas como você tenham acesso a moradia digna, de qualidade, o que infelizmente não vem acontecendo.

E Dilma teve direito a tréplica – e acabou chamando o eleitor indeciso de "candidato":

Candidato, desculpa, você pode ser um dia candidato, né, querido. Mas o que eu quero te dizer, nós hoje temos um milhão e 800 mil casas entregues. E tem um milhão e 800 mil em construção. A cada dia esse número aumenta, porque as casas vão sendo entregues. Você pode ter certeza que esse foi o único programa feito desse porte no Brasil. Nós vamos construir até, nós vamos construir e entregar, contratar até o final desse ano, 3.750 milhões [sic] de moradias. Nunca no Brasil aconteceu isso. Agora, por que eu acho que eu tenho condições de fazer? Porque nós construímos o programa, não é que ele seja monopólio, é que nós fizemos, eles jamais fizeram. Eles não têm experiência.

O segundo a perguntar foi Renata de Souza, 38 anos, contadora:

Desde que me entendo por gente, ouço dizer que o Brasil é o país do futuro. Sempre ouvi candidatos afirmando que irão transformar a nossa educação, as nossas escolas, que irão valorizar o trabalho dos professores. O que o candidato pretende fazer para que este futuro seja possível para nossos filhos e que o Brasil do presente valorize e respeite a educação?

Aécio respondeu:

Renata, respondo com uma alegria enorme a sua pergunta, eu a cumprimento, estive na sua terra essa semana, peço que leve um abraço aos amigos do Pará, de Belém, e realmente se nós não enfrentarmos com coragem, não com promessas, mas com coragem a questão da baixíssima qualidade da educação no Brasil nós não vamos a lugar algum. Este é o grande desafio, esta é a grande questão, eu fui governador de Minas, Renata, e consegui fazer com que Minas Gerais, que é o estado que tem o maior número de municípios no Brasil, são 853, é um estado muito heterogêneo, porque nós temos o nordeste encrustado no nosso território, conseguimos fazer com que Minas tivesse a melhor educação do Brasil. A minha proposta é fazer isso em todo o Brasil, nós vamos começar pelas creches, e as creches que tiverem recurso público no nosso governo vão ficar abertas até oito horas da noite, como a pré-escola, que vão receber crianças, também com qualidade ficarão abertas até esse horário. Vamos qualificar o ensino médio flexibilizando os currículos, Renata. É muito importante que a pessoa se forme para uma atividade que vai exercer na região onde a família more. É muito importante, compromisso do meu governo, apoiar a qualificação e a remuneração dos professores. Nós não vamos ter educação de qualidade se os professores não forem bem remunerados. O meu governo vai apoiar aqueles municípios e Estados que remuneram pior os seus professores, que têm dificuldades financeiras de dar um salário melhor e uma qualificação melhor a seus professores, nós vamos revolucionar a educação no Brasil, Renata.

Dilma afirmou em sua réplica:

Muito boa a sua pergunta. Eu tenho assim um grande compromisso com creche e pré-escola. Porque eu acredito que creche e pré-escola é o futuro do país. A gente dá oportunidade para os brasileirinhos e para as brasileirinhas, nós vamos fazer 6 mil creches, 2 mil já entregamos, e estamos construindo mais 4 mil. Se eu for eleita, eu vou construir mais tantas creches quanto forem necessárias, primeiro, para a gente universalizar de quatro a cinco anos a pré-escola e ampliar o número de crianças de zero a três. Agora eu queria te dizer uma coisa, nós aprovamos uma lei no congresso que dá 75% dos royalties e 50 do fundo social do pré-sal para a educação para, para quê? Para pagar melhor o professor. É a condição para esse país ter educação de qualidade.

E Aécio encerrou a resposta da pergunta:

Renata, eu volto a sua pergunta, né? A gente escuta sempre as mesmas promessas, os mesmos compromissos. Lamentavelmente, os que estão no poder há 12 anos não fizeram aquilo que dizem que vão fazer. Se as 6 mil creches prometidas há quatro anos atrás estivessem construídas, muito provavelmente o seu filho, ou o seu sobrinho, o neto de tantas pessoas que estão aqui nos ouvindo estariam tendo a tranquilidade de onde deixar seu filho. Nós vamos cumprir com cada um dos compromissos que nós assumimos. Infelizmente, a candidata oficial não apresentou um programa de governo para que nós pudéssemos saber quais são as metas, quais são as prioridades que ela tem. O nosso está aí e fala em construção de 6 mil creches, fala das pré-escolas e da qualificação, do ensino fundamental e em especial do ensino médio. Portanto esteja certa, se tiver o privilégio de governar o Brasil, daqui quatro anos você terá uma nova realidade na qualidade do ensino público.

O terceiro eleitor indeciso foi o próximo a perguntar:

Meu nome é Adriana Pereira dos Santos, tenho 40 anos, sou assistente de compras. A corrupção tem sido uma pedra no calcanhar de todos os governos, causando danos irreparáveis, acredito que isso se dá porque a lei que pune os corruptos é muito branda. Candidata, como pretende acabar com a corrupção do Brasil e fazer com que os responsáveis sejam punidos de forma exemplar pelos seus atos e que tanto envergonham o nosso Brasil?

Coube a Dilma responder primeiro:

Adriana, você tem toda razão, a lei é branda. Quando a lei é branda, você investiga, você identifica, e na hora de punir, o criminoso, o corrupto se evade. Por isso que eu propus cinco grandes medidas de combate à impunidade. Primeiro, transformar em crime eleitoral o caixa dois. Segundo, o funcionário público que enriquecer sem mostrar a origem, ele perde o bem, além de perder o bem, ele é criminalizado. Ao mesmo tempo, o direito do poder público em relação às pessoas que enriqueceram sem deixar claro qual é a origem do bem, ele perderá o bem. Hoje no Brasil, ele paga o Imposto de Renda e não perde o bem. Então, e criar também uma instância especial dentro dos Tribunais Superiores para julgar mais rápido os crimes, os crimes com foro especial, de colarinho-branco também. Isso significa que nós vamos ter um conjunto de medidas para que haja a punição daquele que foi o corrupto e o corruptor, eu tenho orgulho de ter dado inteira autonomia, que não era dada nos governos anteriores, porque nomeavam afiliados de partidos para dirigir a Polícia Federal. A Polícia Federal no meu governo investiga.

Aécio replicou:

Minha querida conterrânea, eu reconheço que você hoje expressa o sentimento de milhões de brasileiros que não aguentam mais abrir todos os dias os jornais e ver qual é o caso novo de corrupção, e quando não há punição a indignação é ainda maior. É o que nós estamos assistindo no Brasil de hoje. Eu vejo a candidata Dilma apresentar aqui um conjunto de propostas. Muitas delas estavam em tramitação no

Congresso Nacional durante esses últimos anos, não houve qualquer ação do PT ou do governo do PT para que algumas dessas propostas pudessem avançar. Por quê? Porque não houve preocupação do PT no combate efetivo à corrupção. Essa é a grande realidade. Eu vou dizer olhando nos seus olhos. Existe uma medida que está acima de todas as outras e não depende do Congresso Nacional. Para acabarmos com a corrupção no Brasil, vamos tirar o PT do governo.

A fala final de Aécio foi recebida com aplausos pelos convidados. E Dilma encerrou:

Adriana, veja você que quem fala é o representante do partido que tinha uma prática, Adriana, que era engavetar todos os, todas as investigações. Tudo que era investigação engavetava. De deputado, de senador, de ministro. Isso, Adriana, levou o Brasil a sempre ter um conjunto de julgamentos que ninguém nunca, nunca viu e nem deu fé. Foram todos soltos. Eu queria te dizer uma coisa. Para que você combata a corrupção, que é o que eu quero, eu tenho certeza que é o que o Brasil quer, eu tenho na minha vida uma, eu tenho um orgulho, eu nunca, nunca compactuei com qualquer corrupto ou corrupção, sempre combati, fui atrás e vou te dizer, doa a quem doer, eu vou condenar corruptos e corruptores.

A terceira pergunta foi de Carla de Fátima Ferreira Nunes, 40 anos, "caça-talentos": "O país aos poucos está se tornando um país de idosos, há algum projeto que assegure a aposentadoria no futuro próximo, uma vez que haverá mais idosos do que contribuintes?". Foi a vez de Aécio ser o primeiro a responder:

Eu agradeço a sua pergunta e essa deve ser uma preocupação de qualquer governante responsável. O Brasil envelhece e o Brasil não tem hoje serviços e nem mesmo a proteção necessária aos idosos. O INSS, Instituto Nacional de Seguridade Social, no nosso programa de governo que apresentamos até em respeito aos eleitores, aos cidadãos, um programa de governo, ele se transforma também no Instituto da Cidadania, onde vamos cuidar inclusive de casos, por exemplo, de pessoas que contribuíram durante um determinado período na sua vida, passaram alguns anos sem contribuir e estão desestimuladas a fazê-lo, porque não têm como voltar atrás. Nós vamos cuidar dessas pessoas, encontrar formas para que possam se aposentar. E tomei uma decisão em relação a uma questão que afeta em muito a renda do aposentado brasileiro que é o fator previdenciário. Eu quero aqui, falando a você, aos paranaenses, mas a todos os brasileiros, que nós vamos rever o fator previdenciário, para que ele não puna como vem punindo a renda dos aposentados, portanto, nós construímos ao longo de todos esses meses numa ampla discussão com centrais sindicais, com lideranças extremamente importantes, representativas dos aposentados brasileiros políticas que visem garantir a eles uma remuneração melhor, como, por exemplo, incluindo a cesta de medicamentos no cálculo dessas aposentadorias, mas o compromisso definitivo é fazer a revisão do fator previdenciário, pois isso dará um alívio muito importante aos aposentados brasileiros.

Dilma aproveitou a resposta para atacar Aécio:

Carla, muito boa a sua pergunta porque ela mostra uma coisa. Quem criou o fator previdenciário? Criou o fator previdenciário o governo do PSDB, sendo líder, o Senador. Na época ele era deputado. Então, Carla, essa é uma questão muito séria, que você perguntou o seguinte: quando o país fica cheio de idosos, quem vai pagar a aposentadoria daqueles que ficaram idosos porque não trabalham? Vai ser como sempre o pessoal da ativa. Por isso, quando a gente olha para a questão do fator previdenciário, é muito importante abrir a discussão com as centrais sindicais. Nós sistematicamente abrimos, quase chegamos a um acordo do 85 para a mulher, 95 para os homens. Eu acredito que esse acordo é possível, um acordo que resolva a questão criada pelo governo do PSDB. Que é esse do fator previdenciário.

O tucano replicou:

Confesso que fico feliz com a evolução da candidata, foi criado num momento de aguda crise da Previdência, e depois foi derrubado no

Congresso Nacional. Quem vetou a sua derrubada? O presidente Lula, o governo do PT. Foi derrubado por uma proposta do deputado Fernando Coruja. O que eu quero dizer é que nossos compromissos não mudam às vésperas das eleições. Nós vamos construir uma rede de proteção aos idosos hoje que passa pelo fator previdenciário revisto, que não puna tanto como vem punindo os aposentados, mas uma rede de proteção que passa pela saúde, com ação específica aos idosos. As casas de cuidado, que nesse governo são muito poucas. Nós temos que criar e estimular aos profissionais que cuidam dos idosos para que eles tenham melhor remuneração e mais estímulo a dedicar-se a essa carreira.

E foi encerrado o segundo bloco.
O terceiro bloco retomou o formato das perguntas diretas entre os candidatos. E Aécio perguntou para a petista:

Candidata, a diretora de assistência social do seu governo confirmou essa semana numa reunião com prefeitos em Minas Gerais que os repasses do Fundo Nacional de Assistência estão atrasados em três meses. Esse fundo na verdade atende aos programas mais fundamentais do seu governo, programas de assistência, trata-se de recursos para entidades que prestam a primeira atenção às pessoas que mais necessitam. Em relação ao orçamento voltado às pessoas portadoras, pessoas com deficiência, que é o tema adequado, foi executado apenas 11% do que foi aprovado até aqui, o que vem acontecendo com seu governo, candidata?

Dima respondeu dando pouca importância à indagação central:

Candidato, eu acho que o senhor está muito mal informado. O meu governo tem um, tem feito imenso esforço para levar atendimento de saúde, de educação e acessibilidade às pessoas com deficiência. Temos também tido todo um cuidado de, na assistência social, criar através de centros de referência de assistência social, criar toda uma política de assistência social. O centro dessa política é o Bolsa Família. Mas além do Bolsa Família, candidato, que nunca teve um atraso, nós temos uma série de outras, de outros programas complementares. Eu não tenho, eu não tenho a menor dúvida em afirmar para o senhor, e aqui também para os nossos eleitores indecisos, que o meu governo não atrasa programas sociais. Nunca atrasou. E quero dizer mais uma coisa para você. Enquanto vocês, no Bolsa Família, por todos os oito anos do governo Fernando Henrique gastaram R$ 4,2 bilhões, nós gastamos R$ 4,2 bilhões apenas em dois meses de pagamento do Bolsa Família. Não tem a menor dimensão nem comparativa com o governo que vocês fizeram.

Aécio replicou e aproveitou para citar o apoio de Romário, eleito senador pelo estado do Rio de Janeiro com uma votação consagradora:

Lamento, candidata, que a senhora esteja tão desinformada em relação ao seu governo, estão sim atrasados os repasses do Fundo Nacional de Assistência e quero me dirigir aos municípios brasileiros, aos prefeitos que sabem exatamente do que está acontecendo, que no nosso governo isso não vai acontecer. Que as pessoas com deficiência terão prioridade nos recursos, 11% apenas, executados até o final do mês de outubro. Eu tenho conversado muito, candidata, com parceiros e amigos meus que cuidam, e dedicam sua vida à questão, Mara Gabrili, Otávio Leite, agora o meu amigo Romário, cujo apoio agradeço. E assumi com eles o compromisso, no nosso governo as APAE serão fortalecidas, diferente do seu governo que tentou extingui-las, e esse repasse, a garantia da transferência desses recursos será prioridade absoluta no meu governo, pode faltar para outras coisas, para essa não faltará.

Dilma fez a tréplica:

Para o seu governo, candidato, os seus governos, tanto do PSDB como o seu em Minas Gerais, vocês jamais repassaram para as APAE o que nós repassamos em todo o meu período de governo. R$ 5,9 milhões. Isto, candidato está escrito e registrado. Nós fizemos com as APAE o maior programa dentro do que nós entendemos como viver sem limites. Ao mesmo tempo, candidato, nós oferecemos para as pessoas com deficiência toda uma assistência e uma atenção, seja no que se refere a saúde como a educação. Além disso, candidato, tem um dado importantíssimo, a nossa política para as pessoas com deficiência reconhece nas pessoas com deficiência cidadãos brasileiros.

Dilma – e a orientação vinha da direção da sua campanha – não perdeu a oportunidade para criticar a crise hídrica que atingia o estado de São Paulo com o objetivo de desgastar nacionalmente os tucanos e também ganhar votos dos paulistas:

> Candidato, em qualquer governo, tenho certeza que os eleitores indecisos aqui sabem disso, é fundamental planejar, quem não planeja não consegue enfrentar os desafios que ocorrem principalmente num governo. Eu gostaria de saber como o senhor enxerga essa questão da água em São Paulo. Houve ou não houve falta de planejamento, candidato?

Aécio transferiu a questão para uma crise mais ampla e incluiu o governo federal:

> Certamente que houve, candidata, e segundo o TCU do seu governo, porque o Tribunal de Contas da União aciona órgãos do seu governo, porque nós estamos tendo, candidata, não é apenas em São Paulo, nós estamos tendo em toda a região Sudeste a ausência de água e a senhora sabe muito bem, nós tivemos a maior crise hídrica dos últimos 80 anos. Falta de chuva. O governo de São Paulo, diferente do Governo Federal, buscou fazer o que estava a suas mãos, e o eleitorado de São Paulo, a população de São Paulo decidiu quem estava com a razão, quem realmente falava com sinceridade. O seu candidato aqui em São Paulo, candidata, fez essa campanha demonizando a ação do governo estadual, governador Geraldo Alckmin foi eleito e propôs iniciativas como bônus para aqueles que economizassem água, cerca de 80% dos paulistas aderiram. Infelizmente nós não tivemos a parceria da ANA, por que será que a Agência Nacional de Água não estava aqui planejando? Será porque as indicações da senhora Rosemary[22] levaram os diretores da ANA, ou pelo menos o

---

22. O candidato fez referência a Rosemary Noronha, chamada pela imprensa de "amiga íntima" do ex-presidente Lula. Viajou para vários países acompanhando o então presidente sem sequer ter seu nome na lista de passageiros. Foi durante anos a chefe do escritório da Presidência da República em São Paulo. Decorou diversas salas do escritório oficial com fotos do "ami-

diretor da ANA ao presídio ao invés de trazê-lo a São Paulo para planejar com o governador de São Paulo? Candidata, esse aparelhamento da máquina pública é a face mais perversa do seu governo e do governo anterior. Os técnicos são substituídos por apadrinhados políticos, Agência Nacional de Águas, posso citar outras na sequência se a senhora quiser. Não foram ali colocadas pessoas pela sua qualificação, mas por sua indicação, faltou parceria do Governo Federal nessa questão, candidata.

Na réplica Dilma aproveitou para ironizar:

Candidato, o fato é que a água é responsabilidade do Estado. Nós temos, somos parceiros, nós nesse caso agora do projeto do São Lourenço, que é o único que o Governo do Estado apresentou, nós demos o dinheiro para fazer o projeto. E estamos financiando R$ 1,8 bilhão. Candidato, não planejaram, no Estado mais rico do país é uma vergonha, é uma vergonha, candidato. Porque os estados do nordeste estão enfrentando a mesma seca, e nenhum deles você tem um quadro com essa gravidade. Aí, o senhor vai me desculpar, mas eu vou concordar com o humorista José Simão, vocês estão levando o Estado para ter um programa "Meu Banho Minha Vida", é isso que vocês conseguiram.

Aécio ampliou a questão e adicionou com a polêmica transposição das águas do rio São Francisco:

Candidata, a ausência de planejamento não é uma vergonha nos estados mais ricos, é uma vergonha em todas as regiões do Brasil e essa é a marca do seu governo, candidata. A transposição do São Francisco, que levaria água às populações mais carentes do país, era para ter ficado pronta em 2010, nós estamos em 2014, e aqueles que estão lá próximos das obras não acreditam mais que verão uma gota d'água. Mas eu assumindo a Presidência da República, estejam certos que essa obra estará concluída. A Transnordestina, candidata, falta de planejamento, orçado em R$ 4 bilhões, já se gastou mais de R$ 8 bilhões, ninguém sabe quan-

---

go íntimo" até jogando futebol, tudo pago com recursos públicos, evidentemente. Esteve envolvida no escândalo da Operação Porto Seguro sob responsabilidade da Polícia Federal e que envolvia, entre outras irregularidades, nomeações para a Agência Nacional de Águas (ANA).

do ficará pronta. Abreu e Lima, candidata, uma obra de R$ 4 bilhões, já se gastou mais de R$ 30 bilhões, onde é que houve planejamento, candidata? Seu governo é o governo da ausência de planejamento, por isso nós temos hoje um custo Brasil altíssimo, baixíssimos investimentos em logística e quem é punido por isso é o cidadão brasileiro.

A pergunta seguinte coube a Aécio:

Candidata, eu tenho dito que é preciso que façamos uma reforma política no Brasil. Entre todas as propostas que tenho apresentado, não conheço as suas, acredito que temos que acabar com a reeleição, eu acho que seu governo acabou por desmoralizar. A *Folha de S. Paulo* publicou há poucos dias que numa sexta-feira, dos seus 39 Ministérios, apenas 15 ministros estavam trabalhando e que a senhora ao longo dos últimos 35 dias, segundo um jornal de hoje foi duas vezes ao Palácio do Planalto. Quem está governando o Brasil, candidata?

A resposta de Dilma foi dura e, mais uma vez, confusa:

Candidato, eu governo o Brasil e governo sistematicamente e diuturnamente, candidato. Agora, eu acredito que a questão da reforma política não é a reeleição, não. Se de fato o senhor está interessado em combater a corrupção, a questão mais séria da reforma política é o fim do financiamento empresarial das campanhas. Porque com o fim do financiamento empresarial, nós acabaremos com a influência do poder econômico sobre as eleições brasileiras. Isto, candidato, é que é uma vergonha. Além disso, candidato, eu sou a favor da paridade homens e mulheres, e aqui tem as mulheres indecisas que sabem a importância da representação feminina. Sou a favor do fim da coligação na eleição proporcional. E sou a favor dos dois turnos na eleição proporcional, que é a proposta da CNBB e da OAB. Candidato, eu acho que o senhor não tem interesse na reforma política, porque a única coisa que o senhor fala é sobre reeleição. Quando vocês são interessantes, vocês foram e criaram a reeleição. Existe, inclusive, todo um processo por corrupção que era compra de votos para a aprovação da reeleição, e agora o senhor me vem com essa, que o senhor é contra a reeleição.

O tucano enfrentou a questão polêmica do financiamento privado de campanha – que, inclusive, estava aguardando decisão do STF: "Quer dizer que a senhora é contra o financiamento privado?". Dilma interrompeu: "o empresarial, candidato, o senhor está esquecendo". O mediador teve novamente de intervir: "A senhora precisa esperar que ele responda". A palavra retornou ao tucano:

> Candidata, no ano passado, um ano não eleitoral, o seu partido, o PT, recebeu 80 milhões de reais em doações empresariais, candidata. O seu partido não tem autoridade para falar sobre isso. A sua campanha é uma campanha milionária, agora às vésperas do segundo turno, o seu coordenador financeiro da campanha pediu para aumentar o teto de gastos porque não tinha mais onde colocar dinheiro, candidata. Eu não, eu sempre defendi limitações no financiamento privado e defendi o voto distrital misto, defendi a cláusula de desempenho, algo inclusive que foi aprovado no tempo em que eu estava na Câmara dos Deputados. A senhora apresenta uma proposta que eu gostaria de conhecê-la, porque não sei como funcionariam dois turnos de eleição proporcional, é a primeira vez que ouço, a nossa proposta está clara, entre elas o fim da reeleição e mandato de cinco anos para todos os cargos públicos.

A tréplica de Dilma foi confusa:

> Fim do financiamento empresarial é diferente do fim do financiamento privado. Sabe por quê, candidato? Você pode ter financiamento de pessoas jurídicas, não pode de empresas, candidato, acontece em várias democracia do mundo. Candidato, eu fico muito surpresa com as posições do senhor. Eu acredito que hoje nós sabemos que se não foi investigado, e se não for punido, o crime de corrupção vai se reproduzir. Um dos fatores responsáveis pelos crimes de corrupção é que no Brasil o financiamento empresarial das campanhas coloca dentro das campanhas de todas, candidato, o fator do poder econômico. E nos parece que o senhor é a favor deles.

Em seguida, a petista perguntou para Aécio sobre política agrícola:

Candidato, nós damos muita importância a agricultura no Brasil. Durante o meu governo, nós tivemos um aumento muito grande da safra. Vocês, em 2002, tiveram um financiamento de R$ 30 bilhões. Hoje nós temos um financiamento para a agricultura de R$ 180 bilhões. Se o senhor for eleito, quais são as principais medidas que o senhor tomará nessa área?

Aécio respondeu o seguinte:

Candidata, mais uma vez o convite eu lhe faço, vamos olhar para a frente, não vamos aqui debater olhando no retrovisor da história. Cada governo em seu tempo fez aquilo que julgava essencial. O PSDB, para muito orgulho nosso, fez o maior programa de distribuição de renda desse país que foi o Plano Real, a estabilidade econômica, que tirou o flagelo da inflação das costas dos cidadãos brasileiros. E o meu compromisso com agronegócio não é um compromisso que vem de agora, é um compromisso que eu trago comigo desde a minha formação em Minas Gerais. Nós vamos ter uma política agrícola baseada no crédito, no seguro, e no respeito, na segurança jurídica no campo, candidata, a senhora permitiu que no seu governo um dos setores de maior potencialidade do país, o etanol, fosse destruído. Cerca de 70 usinas deixaram de moer, o desemprego chega no Nordeste brasileiro, nas regiões mais pobres que fornecem a cana-de-açúcar. Nós temos que ter uma política agrícola, candidata, que em primeiro lugar tire o Ministério da Agricultura desse loteamento político a que ele foi submetido. Eu tenho dito que criarei o superministério da Agricultura e lá estarão pessoas que têm autoridade para sentar-se com o Ministro da Fazenda para definir política econômica, com o Ministro do Planejamento para definir orçamento e com o Ministro da Infraestrutura, porque esse era o Ministério criado no meu governo, para definir os investimentos em logística, que garantam maior competitividade a quem produz no Brasil.

Na réplica e tréplica dos candidatos ficaram claras as divergências sobre o tema. Disse Dilma:

Candidato, vocês deixaram a agricultura a pão e água. Candidato, uma pessoa fala para o futuro, mas ela tem de mostrar suas credenciais.

Quando eu falo para o futuro, eu os mostro as minhas credenciais. As credenciais de vocês no caso da agricultura é parcos recursos, pouquíssimos. Financiamentos a juros elevados. Não tinha política de seguro, não tinha política de assistência técnica. E não davam a menor importância ao agricultor familiar. Não davam importância a um dos segmentos mais importantes do Brasil, que responde por 70% dos alimentos. Então, candidato, me desculpa, mas o senhor falou, falou e não apresentou nada de concreto, nem no presente, agora, tampouco para o futuro.

O tucano apontou na sua tréplica os graves problemas de infraestrutura:

Candidata, não tente reescrever a história, o Pronaf foi criado no nosso governo, o mais importante instrumento da agricultura familiar que esse país já viu. A grande verdade, candidata, é que quem olha muito para o passado é porque quer fugir do presente ou não tem nada a apresentar em relação ao futuro. Vamos debater o Brasil daqui para a frente, a crise é gravíssima em todos os setores, o Brasil é um país extremamente produtivo da porteira para dentro, da porteira para fora falta tudo, candidata. Faltam ferrovias, faltam hidrovias, portos, já que os recursos estão indo para portos fora do Brasil, e é preciso que haja planejamento, para que nós façamos o quê? Um combate quase que como uma guerra ao custo Brasil. Quem produz no Brasil não tem competitividade, e nós estamos perdendo mercados fora do Brasil porque seu governo optou por um alinhamento ideológico na nossa política externa que não abriu um novo mercado ao Brasil.

Aécio, na sua última pergunta, pôs o dedo na ferida do mensalão:

Candidata, há algum tempo atrás o mediador desse debate, William Bonner, fez uma pergunta e a senhora não respondeu, eu gostaria que agora a candidata Dilma Rousseff que está aqui pudesse responder aos brasileiros... Não há nenhum brasileiro, candidata que não tenha uma opinião clara sobre o que aconteceu no mensalão. Ou contra ou a favor. Eu, por exemplo, acho que os condenados foram condenados porque cometeram irregularidades. Membros do seu partido acham que são heróis nacionais. Para a candidata Dilma Rousseff, o seu José Dirceu, por exemplo, foi punido adequadamente ou é também um herói nacional?

Dilma deve dificuldade de responder diretamente a questão e mais uma vez socializou a corrupção:

Candidato, se o senhor me responder por que o chamado mensalão tucano mineiro não foi julgado, por que o senhor Eduardo Azeredo pediu renúncia do seu cargo para o processo voltar para a primeira instância, o senhor estaria sendo de fato uma pessoa correta. Mas, não, o senhor faz uma política e adota uma estratégia nesse debate que é uma estratégia estranhíssima. Primeiro, o senhor fala no Pronaf, o Pronaf do seu governo era R$ 2 bilhões, o Pronaf do meu governo é R$ 24 bilhões. Há um diferença, candidato, expressiva. Da mesma forma, houve o julgamento do mensalão ligado ao meu partido. Ah, é necessário dizer que eles estão e foram condenados e foram para a cadeia. No entanto, o mensalão do seu partido, não teve nem condenados, nem punidos. É esta a realidade, candidato, não fuja dela. O senhor é o primeiro a falar em corrupção. Mas eu posso enumerar todos os processos de vocês que não foram julgados e as pessoas estão soltas. O processo do Sivan, todos soltos. O processo da Pasta Rosa, todos soltos. O processo dos trens de São Paulo, todos soltos.

Aécio replicou e assumiu na resposta a terminologia "mensalão mineiro":

Candidata, a senhora traz agora além da negação à resposta do que eu perguntei, eu acho que o Brasil merece saber o que a cidadã, o que a candidata Dilma acha em relação à condenação do mensalão, não sei por que tanto constrangimento, mas traz aqui e usa afirmações muito perigosas, candidata. A primeira delas em relação a essas denúncias, porque a senhora era dona da mesa e da gaveta do seu partido durante 12 anos, se existia algum indício de irregularidade a obrigação do governante é mandar abrir investigação. Vocês não fizeram isso. Se quer falar do mensalão mineiro, candidata, o chamado mensalão mineiro, vamos aguardar que ele seja julgado mas a senhora agora comete um grave, talvez até uma, uma, a senhora antecipou algo que possa, que pode amanhã lhe criar constrangimentos porque o principal acusado do mensalão mineiro é o coordenador da sua campanha em Minas Gerais, o seu Valfrido Mares Guia voou no avião da senhora essa semana, candidata!

A temperatura do debate subiu com os aplausos – e algumas vaias – da plateia, e mais uma vez foi necessária a intervenção do mediador. Dilma aproveitou para atacar o adversário:

Candidato, o senhor precisa estudar mais. Sabe, candidato. Processos arquivados, processos encerrados e vocês arquivaram e encerraram e deixaram também passar o tempo para o julgamento. Sabe o que acontece, candidato? Não sei se o senhor sabe, só o Ministério Público abre processos engavetados, e processos arquivados, esses vocês arquivaram todos os processos, inclusive o seu candidato a ministro ia ser julgado por improbidade. Mas, como tinha passado o prazo do julgamento, ele não foi sequer denunciado. Então, candidato, a estratégia do engavetador para o caso da impunidade durante o seu governo deu certo.

E Dilma foi para a sua última pergunta:

Eu queria falar sobre um assunto muito importante que é a educação. Nós somos favor do Enem, que é uma forma de acesso democrático à universidade. Ao mesmo tempo, criamos o Prouni, criamos o Prouni que é o acesso à universidade privada e à faculdade privada das pessoas que não têm renda para pagá-los, e também fizemos o Fies. Candidato, por que vocês foram contra o Enem, foram contra o Prouni, entraram até na Justiça contrário a ela?

Aécio aproveitou para destacar três questões distintas na sua resposta:

Candidata, não posso deixar de retornar à pergunta anterior e dizer que, infelizmente, nós vamos às urnas, todos nós brasileiros, sem que saibamos o que a candidata, o que a cidadã Dilma Rousseff acha em relação ao mensalão. Talvez por dificuldades com seus companheiros de partido para que os brasileiros possam fazer esse julgamento. Candidata, a senhora deveria honrar aquilo que escreveu, candidata, ao presidente Fernando Henrique, reconhecendo quais eram as prioridades naquele momento, o grande presidente da estabilidade, segundo disse a senhora. Em relação a mim, ao meu governo, candidata, eu fico sempre com os enormes elogios que a senhora me fez, até constrangido, porque eram elogios muito fortes que nem correligionários costumeiramente me faziam, a senhora me considerava um dos melhores governadores do Brasil, um governador, abre aspas, para a senhora, exemplar, o que mudou? O fato de eu ser candidato e ser seu adversário hoje? Não, candidata. Nós temos que tratar as coisas como elas são, nós sempre valorizamos a educação, o Prouni, vamos de novo, é inspiração de um projeto de um governo tucano em Goiás, ampliado, e precisará ainda ser mais ampliado. Mas ele tem um problema, candidata. Que o meu programa de governo que existe, já que o da senhora ninguém conhece, nós vamos cuidar de apoiar esses jovens porque muitos estão deixando a universidade porque não têm como chegar na universidade, não têm como comprar um material didático necessário, nós vamos dar, além de ampliar o Prouni, vamos dar um apoio a esses jovens para que possam completar o curso.

A petista replicou e explicou que teria feito os elogios ao então governador iludida pela propaganda tucana:

Já que o senhor perguntou, eu quero dizer que a sua máquina de propaganda, candidato, é muito eficiente. Eu acreditei no seu choque de gestão até saber que o senhor tinha conseguido transformar o estado de Minas no segundo mais endividado do país. Eu acreditei, candidato, que o senhor investia em saúde e educação, até ler um parecer do TCU em que fica claro que o senhor não cumpria o mínimo constitucional. Nem em saúde nem em educação. Agora, candidato, vocês nunca foram a favor do Prouni, vocês entraram no Supremo Tribunal Federal pedindo para que essa, que a lei do Prouni fosse considerada inconstitucional. Candidato, no Enem vocês sempre criticaram. Agora, que 8,7 milhões de pessoas estão fazendo isso, o senhor vem aqui dizer que concorda?

A réplica do tucano apresentou dados já conhecidos e aproveitou para alfinetar a candidata sobre Minas:

Nem o fato de ter passado toda sua vida longe de Minas Gerais justifica ofender tanto a realidade de Minas Gerais, candidata. A senhora no último debate fez uma ofensa aos fatos e teve o constrangimento, acredito eu, de ler no dia seguinte um documento do ministro do Tribunal de Contas dizendo que aprovou as nossas contas, aliás, foram aprovadas por unanimidade, pela correção dos nossos investimentos, candidata. Quem não gasta em saúde é o seu governo. Em 2009, o TCU pediu que vocês retirassem do cálculo do gasto com saúde recurso para o Bolsa Família, candidata. Essa é a grande realidade. Vocês demoraram a regulamentar a emenda 29 muito mais do que era cabível, aceitável. Minas Gerais é um estado extraordinário, candidata, é um estado que só cresce, tem a melhor educação fundamental do Brasil, a melhor saúde da região Sudeste, porque teve um governador muito correto, candidata.

O quarto e último bloco teve novamente as perguntas dos eleitores indecisos. E a primeira tocou numa verdadeira chaga nacional, o saneamento básico:

Meu nome é Elizabeth da Silva Gomes Andrade. Tenho 48 anos e sou dona de casa. A maioria dos bairros próximos de onde eu moro têm esgoto a céu aberto. Quando chove, as pessoas perdem o pouco do que puderam conquistar. O que impede, de verdade, os governos resolverem esse problema?

Dilma respondeu:

Elizabeth, uma boa pergunta. Eu tenho um compromisso com o futuro, Elizabeth. É acelerar essa questão do tratamento e da coleta de esgoto. Nós estamos colocando hoje 76 bilhões em parceria com estados e municípios. Por que em parceria, Elizabeth? Porque não é o Governo Federal que realiza diretamente a obra, o que a Constituição passou o saneamento para os estados e para os municípios, mas nós achamos que o Governo Federal tem obrigação de colocar dinheiro, porque saneamento é uma questão de saúde pública, e também de civilização. Nós temos feito uma série de investimentos, geralmente obra pública, mas também muitas PPPs, ou seja, parceria público privada, eu vou dar absoluta prioridade a esgotamento sanitário, nós conseguimos um avanço nos últimos quatro anos, mas esse avanço ainda não é suficiente. Por quê? Durante muitos anos nesse país não se investiu em esgoto tratado, no caso da água, do recurso hídrico, também é uma questão muito séria. Ele demora, porque tem municípios ainda que não têm tratamento de água, isso é, esse fato é menos importante, porque são menos municípios. Mas é outro, outra questão que eu vou dar total empenho.

O tucano replicou:

Elizabeth, eu não vou terceirizar responsabilidades, eu, presidente da República, vou cumprir o meu papel. O primeiro deles é desonerar as empresas de saneamento do PIS, e não foi cumprido. Hoje, Elizabeth, é quase que inacreditável, não tem esgotamento sanitário adequado. Sete milhões dos domicílios brasileiros não têm sequer um banheiro em casa, é sim necessário que nós resgatamos a responsabilidade, mas é fundamental que nós, e isso não vem acontecendo nesse governo, eu, presidente da República, vou tratar dessa questão diretamente e não vou transferir essa responsabilidade para municípios e tampouco para Estados brasileiros.

Dilma insistiu no papel das parcerias com a União:

Elizabeth, ele não pode fazer isso porque não é atribuição da União fazer isso. Nós não podemos interferir no estado. Porque seria crime de responsabilidade do Governo Federal. Nós podemos sim fazer parcerias, Elizabeth. E é isso que nós fazemos. Nós geralmente, Elizabeth, nos estados mais pobres e nos municípios mais pobres, nós tiramos dinheiro do nosso orçamento, e colocamos para pagar as obras de saneamento, que é tratamento de esgoto e coleta. Agora, nos estados mais ricos, nós financiamos, mas financiamos em condições muito razoáveis, vinte anos para pagar, cinco anos de carência e juro bastante baixo. E então, Elizabeth, quero te dizer o seguinte: é preciso também melhorar o planejamento dos estados e municípios.

O próximo tema foi a segurança pública:

Meu nome é Adriano Corrêa, tenho 19 anos e sou modelo, morei durante toda a minha vida em um lugar que hoje está tomado pelo tráfico de drogas e assassinos. Há dois anos, além de ter perdido meu primo assassinado por bandidos, eu e minha família fomos obrigados a sair de nossa casa sem poder levar nada. Quais suas propostas para o fortalecimento da segurança em lugares menos favorecidos?

Era a vez do tucano responder:

Adriano, essa foi talvez de todas a maior preocupação do meu programa de governo, e apresentamos aos brasileiros um programa que começa pela proibição de que os recursos aprovados no orçamento da União para Segurança Pública sejam represados para o governo fazer superávit primário como vem acontecendo com grande parte desses recursos até aqui. Anunciei uma política de fronteiras, diferente da que vem hoje sendo, enfim, conduzida, e que deixa as nossas fronteiras desguarnecidas. As nossas fronteiras é exatamente por onde as drogas e as armas entram, e nós vamos ter uma relação com os países produtores de drogas diferente da relação atual, cobrando que eles tomem também atitude interna para coibir essa produção. E eu tenho dito que além das casas de recuperação que nós vamos ampliar em todo o Brasil para os dependentes químicos, nós temos que fazer uma profunda reforma no nosso Código Penal, no nosso Código de Processo Penal para que essa sensação de impunidade não continue a permear, a se espalhar por todo o Brasil. Portanto nós teremos uma política nacional de Segurança Pública que não existe hoje. A terceirização de responsabilidades também nesse caso é muito grave. Para você ter uma ideia, vou te dar um número apenas. O Governo Federal é aquele que mais arrecada, quem mais tem. Eles gastam apenas 13% de tudo o que se gasta em Segurança Pública no Brasil, 87% é dos estados e é dos municípios. Nós vamos ser mais solidários no enfrentamento da criminalidade do que vem sendo o atual governo.

Dilma replicou:

Eu queria te dizer uma coisa, sua pergunta é ótima. Primeiro porque o Brasil hoje tem um grande desafio que é o combate à violência e às drogas. No caso das drogas, nós fizemos um plano estratégico de fronteira que une Rodoviária Federal, Polícia Federal, com as Forças Armadas. Conseguimos apreender 640 toneladas de drogas além de apreendermos armas, de prendermos pessoas e de determos veículos. Agora, é fundamental que haja uma maior participação da União nesta ação. Nós fazemos algo chamado garantia da lei e da ordem. Agora mesmo o Governo Federal está aqui no Rio, ali na Favela da Maré, ajudando o governo do estado em parceria com ele, para enfrentar o crime e a droga.

O tucano continuou no ataque:

A grande verdade é que nossas fronteiras estão desguarnecidas, hoje os estados precisam fazer uma gestão política quase que pessoal junto a União para garantir algum recurso do Fundo Nacional de Segurança ou mesmo do Fundo Penitenciário, menos de 40% desses fundos foi aplicado ao longo dos últimos três anos de governo. Eu tenho um projeto no Congresso Nacional, como senador, que infelizmente o PT não permitiu que fosse aprovado, que obriga que todo recurso para a área de Segurança Pública seja aplicado, para que cada estado tenha como planejar. Seja investindo no aumento do contingente de policiais, seja investindo em viaturas. Portanto no momento em que governo contingencia esses recursos, obviamente ele mostra que Segurança Pública não é uma prioridade. E programas, por exemplo, como programas de combate ao crack, ao uso do crack, 40% apenas foi executado ao longo dos últimos anos.

Mais um eleitor indeciso foi sorteado e fez a terceira pergunta do bloco:

Meu nome é Vera Lúcia Azevedo Simões, tenho 45 anos e sou professora. A droga tem dizimado parte dos jovens, muitos morrem antes de completar a maioridade. Conheci um jovem do meu bairro que foi morto devido a uma dívida de drogas de apenas 50 reais. Tive um aluno que deixou a escola para ser chefe do tráfico. A caneta como a arma, o caderno pela lápide. Qual a proposta para melhorar essa realidade, que tem prejudicado jovens e destruído famílias?

Dilma respondeu:

Vera Lúcia, muito obrigada pela pergunta, porque vai me dar condições de responder a anterior também. Na verdade, esses fundos aos quais o candidato se refere são 4 bilhões e 400 milhões de reais. Nós aplicamos R$ 17,7 bilhões no combate à droga, ao crime organizado e ao tráfico de armas. E fizemos isso em parceria entre a Polícia Federal e as Forças Armadas e a Polícia Rodoviária. Isso deu muito certo na Copa. Porque nós criamos um Centro de Comando e Controle e as polícias militares e civil dos estados também participaram. Porque não basta só você controlar uma das maiores fronteiras do mundo que é a nossa, além de controlar as fronteiras tem de ter uma política de controle das fronteiras dos estados. Aqui, por exemplo, nós estamos na Favela da Maré, nós já tivemos lá na Bahia também fazendo essa operação de garantia da lei e da ordem. Quando você vai no estado, eles fogem para outro, eles agem de forma coordenada. Nós agimos de forma desarticulada e fragmentada. Por isso é que eu propus que nós modifiquemos a Constituição, para atribuir ao Governo Federal sim a responsabilidade na ação conjunta com os estados, coordenando os estados. E fazendo com que essa atuação seja uma atuação contra o crime organizado e as drogas. Depois eu falo o resto.

A réplica de Aécio foi para marcar a diferença com a candidata oficial:

Realmente como disse a candidata, age de forma desarticulada e como confirma a candidata não executa os fundos que são aprovados pelo

Congresso Nacional e não são tão expressivos mesmo, mais uma razão para que estivessem sendo executados integralmente. Quero falar de propostas, estou propondo o mutirão de resgate, Vera Lúcia. Nós temos hoje no Brasil cerca de 20 milhões de jovens que ou não completaram o ensino fundamental ou não completaram o ensino médio. Nós vamos permitir que ao longo dos próximos dez anos todos que se dispuserem receberão uma bolsa de estudos para concluírem. Eu quero criar o "Poupança Jovem", um recurso que é depositado na conta dos alunos do ensino médio que só pode ser sacado ao final do curso para que tenha um estímulo a mais para concluir sua formação.

Dilma acabou estourando o tempo e a tréplica ficou incompleta:

Eu queria dizer uma coisa para vocês. Eu vi numa reportagem da GloboNews que todas as pessoas que participaram do debate de 2010 disseram que melhoraram de vida. Eu quero que também com vocês aqui, com os eleitores indecisos ocorra a mesma coisa, vocês no fim de 2018 chegam aqui, digam que melhoraram de vida, se eu for eleita, ficarei muito feliz. Agora quero dizer uma coisa, eu acho que nós temos de tratar a questão da droga com dois, duas ações. Tratamento e prevenção. A prevenção é um trabalho fundamental que tem de ser feito nas escolas, esclarecendo as consequências principalmente do tráfico.

A última pergunta de uma eleitora indecisa tocou em um ponto importante: o desemprego dos mais velhos que estão no mercado trabalho, independentemente da qualificação profissional:

Meu nome é Elizabeth Maria Costa Timbó, tenho 55 anos e sou economista. Sou uma pessoa qualificada profissionalmente, mas pelo fato de estar com 55 anos, atualmente me encontro fora do mercado de trabalho formal. Qual a sua proposta para que pessoas maduras tenham sua experiência de trabalho valorizada e possam manter sua empregabilidade?

Aécio foi feliz na resposta apontando a necessidade de o país voltar a crescer:

Elizabeth, você toca numa questão também absolutamente essencial ao Brasil que nós queremos construir, o Brasil do futuro, e meus olhos, minha energia está toda focada no Brasil do futuro. O que vem acontecendo com o Brasil hoje? Nós paramos de crescer, estamos na lanterna de crescimento na nossa região, variando às vezes, revezando com a Venezuela e a Argentina. País que não cresce, não gera empregos, principalmente os empregos mais qualificados, nós estamos vendo o desmonte da industrial nacional. Ao longo dos últimos quatro anos, mais de um milhão de empregos na indústria deixaram de existir e esses são os empregos que pagam melhor para pessoas mais qualificadas como você. Aqui, apenas em São Paulo, a indústria está demitindo cem pessoas por dia. Essa é a minha grande preocupação, fazer o país voltar a crescer, porque aí sim haverá mais espaço no mercado para pessoas qualificadas também, e para todas as pessoas, porque nós temos que tratar da qualificação de todos, e a grande verdade é que o atual governo perdeu a capacidade de recuperar esse crescimento, porque não gera confiança nos investidores, sejam eles nacionais, sejam eles internacionais. A Fundação Getúlio Vargas, que você certamente conhece, nos últimos sete meses vem mostrando ao Brasil que a confiança dos empresários de todos os setores vem diminuindo mês a mês. Por isso o Brasil precisa de um governo novo, com gente nova e com credibilidade, certamente aí o espaço no mercado de trabalho vai ser ampliado e pessoas qualificadas como você vão ter novas oportunidades.

Dilma foi muito infeliz na réplica – provavelmente não ouviu com atenção a pergunta. Propôs a eleitora que tinha formação no ensino superior fazer um curso técnico para regressar ao mercado de trabalho:

Muito boa sua pergunta. Eu não acho que o Brasil não está gerando emprego. O que eu acho, Elizabeth, é que seria interessante que você olhasse entre os vários cursos que tem sido oferecidos, inclusive pelo Senai, que são cursos para pessoas que têm a possibilidade de conseguir um salário e um emprego melhor, se você não acha colocação. Porque eles têm uma carência imensa de trabalho qualificado no Brasil. Não é o que o candidato está dizendo. Nós temos hoje uma taxa de desemprego de 4,9%. Ele queira ou não. E uma coisa é certa. Se não se fizer qualificação profissional, o que você não consegue fazer? Você não consegue fechar aquela demanda por trabalho, por mão de obra qualificada com a oferta. Então o que é o Pronatec? O Pronatec é para garantir que você tenha um emprego adequado à sua qualificação.

A réplica do tucano não enfrentou diretamente a questão – poderia ter associado a estagnação econômica e a necessidade de uma política voltada para os trabalhadores mais velhos, tendo em vista a mudança na pirâmide etária do país:

> Elizabeth, você tem duas formas de ver a questão do emprego. Você olha a fotografia de um determinado momento, analisa essa fotografia ou olha o filme. O caminho que nos espera se não houver uma mudança radical na condução da nossa política econômica é o pior de todos. Porque o que vem acontecendo com os investidores impacta na vida dos trabalhadores. Repito, candidata, o país tem que voltar a crescer, nós não temos alternativa, a nossa taxa de investimentos hoje é de 16,5% do PIB, já disse anteriormente, a menor da última década, e eu tenho absoluta convicção com clareza das propostas, com respeito às regras, respeito às agências reguladoras, com uma política fiscal transparente vamos gerar novos empregos para gente qualificada como você, Elizabeth.

O debate foi encerrado com as considerações finais dos candidatos. Dilma disse:

> Agradeço a Globo, agradeço ao candidato, agradeço a vocês que nos acompanharam até aqui. O Brasil que nós estamos construindo é o Brasil do amor, da esperança e da união. O Brasil da solidariedade. O Brasil das oportunidades. O Brasil que valoriza o trabalho e a energia empreendedora. O Brasil que quer crescer, que quer melhorar de vida e faz isso com muita autoestima. É um país que cresce e que faz todas as pessoas crescerem, mas com olhar especial para as mulheres, para os negros e para os jovens. É o Brasil da educação, da cultura, é o Brasil

da inovação e da ciência. É um Brasil que quer crescer e garantir que todos, todos os brasileiros cresçam com ele. Eu deixo aqui a minha palavra, nós, que lutamos tanto para melhorar de vida, nós não vamos permitir que nada nem ninguém, nem crise, nem pessimismo, tire de você o que você conquistou. O Brasil fez com que você crescesse e melhorasse de vida. Não vamos permitir que isso volte atrás. Vamos garantir que haverá um futuro conjunto, nosso, um futuro de esperança e de unidade.

E Aécio concluiu sua participação dizendo:

Eu cumprimento aos organizadores, cumprimento a candidata, agradeço a presença dos eleitores, que vieram de várias partes do país, que aqui estão, me dirijo a você que está hoje nos ouvindo de todas as partes do país. Eu chego ao final dessa campanha de pé, honrado pelo apoio, pelas manifestações de carinho e de confiança no nosso projeto. Eu não sou hoje mais o candidato de um partido político, eu sou o candidato da mudança. Essa mudança que você e sua família querem ver no país. Mudança de valores, mudança na eficiência do Estado, e principalmente na generosidade com que o governante deve tratar os brasileiros. Eu estou extremamente honrado de ter podido andar por esse país e visto uma coisa nova surgindo, uma emoção nova, uma confiança nova. Eu não posso deixar de me lembrar que há 30 anos atrás, acompanhando o meu avô Tancredo, eu fiz esta mesma caminhada pelo Brasil. Ele infelizmente não teve o privilégio de assumir a presidência da República. Quero dizer a você, minha amiga, a você meu amigo, de todas as partes desse país, se eu merecer a sua confiança e o seu voto no próximo domingo, esteja certo que subirei a rampa do Palácio do Planalto com a mesma coragem, com a mesma determinação, com o mesmo amor ao Brasil, com a mesma generosidade com que ele nos conduziu à democracia. Eu sou hoje já um vitorioso porque, como disse São Paulo, eu travei o bom combate, falei a verdade e jamais perdi a minha fé.

E o debate foi encerrado depois de uma hora e cinquenta minutos de duração. Teve a maior audiência da história dos encontros de presidenciáveis da televisão brasileira. Aécio foi melhor. Mas não se sabia qual teria sido a recepção por parte dos eleitores. A legislação eleitoral proibia que as campanhas fizessem comícios no sábado. Restou a realização de alguns atos isolados. Os candidatos ficaram aguardando a eleição. À noite, foram divulgadas as duas últimas pesquisas. Para o Datafolha, Dilma venceria por 52 a 48%. Já o Ibope dava uma margem maior: 53 a 47%.

Por uma decisão monocrática do TSE, dada pelo ministro Admar Gonzaga, ex-advogado da campanha de Dilma em 2010, o site da revista *Veja* foi obrigado a publicar o direito de resposta do PT:

> VEJA veicula a resposta conferida à Dilma Rousseff, para o fim de serem reparadas as informações publicadas na edição nº 2397 – ano 47 – nº 44 – de 29 de outubro de 2014. A democracia brasileira assiste, mais uma vez, a setores que, às vésperas da manifestação da vontade soberana das urnas, tentam influenciar o processo eleitoral por meio de denúncias vazias, que não encontram qualquer respaldo na realidade, em desfavor do PT e de sua candidata.
>
> A Coligação "Com a Força do Povo" vem a público condenar essa atitude e reiterar que o texto repete o método adotado no primeiro turno, igualmente condenado pelos sete ministros do Tribunal Superior Eleitoral (TSE), por terem sido apresentadas acusações sem provas. A publicação faz referência a um suposto depoimento de Alberto Youssef, no âmbito de um processo de delação premiada ainda em negociação, para tentar implicar a Presidenta Dilma Rousseff e o ex-Presidente Luiz Inácio Lula da Silva em ilicitudes. Ocorre que o próprio advogado do investigado, Antônio Figueiredo Basto, rechaça a veracidade desse relato, uma vez que todos os depoimentos prestados por Yousseff foram acompanhados por Basto e/ou por sua equipe, que jamais presenciaram conversas com esse teor.

Pouco depois, o site de *Veja* publicou a sua resposta à decisão do TSE:

> O Direito de Resposta que se lê neste link é resultado de uma decisão individual de Admar Gonzaga, ex-advogado da campanha de Dilma

Rousseff em 2010 e hoje ministro do Tribunal Superior Eleitoral (TSE), nomeado por Dilma Rousseff. Decisão judicial se cumpre. Ela foi baseada em jurisprudência firmada no TSE, segundo a qual "sempre que órgão de imprensa se referir de forma direta a candidatos, partidos ou coligações que disputam o pleito, com ofensa ou informação inverídica, extrapolando o direito de informar, haverá campo para atuação da Justiça Eleitoral para processar e julgar direito de resposta".

O ministro Admar Gonzaga decidiu-se pela concessão do Direito de Resposta depois de examinar o pedido da coligação da candidata Dilma Rousseff por duas horas, tempo em que também redigiu as nove laudas de seu despacho – ao ritmo de 13 minutos por lauda. VEJA recorreu ao pleno do TSE e ao Supremo Tribunal Federal (STF), o que, entretanto, sem a decisão definitiva, não susta a publicação do texto.

A defesa da revista baseou-se em três fatos: 1) Ocorreu o depoimento do doleiro Alberto Youssef no âmbito do processo de delação premiada ainda em negociação; 2) As afirmações atribuídas a Youssef pela revista foram anexadas ao processo de delação premiada e; 3) o advogado do investigado, Antônio Figueiredo Basto, não rechaçou a veracidade do relato.

Em seu aspecto doutrinário, lamenta-se a fragilidade a que se submete, em período eleitoral, o preceito constitucional da liberdade de expressão, ao se permitir que, ao cabo de poucas horas, de modo monocrático, um ministro decida merecerem respostas informações jornalísticas que, em outras circunstâncias, seriam simplesmente verdades inconvenientes – passíveis, é claro, de contestação, mesmo quando fruto apenas de dúvida hiperbólica, mas sempre mediante a análise detida de provas e tomadas de testemunhos.

A tensão estava no ar. Na madrugada de sábado um grupo de militantes de uma organização controlada pelo PC do B – que fazia parte da coligação petista – atacou a sede da editora Abril, que publica a revista *Veja*. Era um claro sinal de intimidação. A campanha chegava ao fim sob os signos da violência, da calúnia e do medo.

CAPÍTULO 14

A eleição mais suja da história

26 de outubro. Foi o último ato da eleição mais suja e mais surpreendente da história republicana. Durante todo o dia, um boato tomou conta do país: o suposto envenenamento do doleiro Alberto Youssef. Ele, um cardiopata, foi internado em um hospital de Curitiba no sábado, apresentando um quadro de fortes dores no peito. Foi diagnosticado como um caso de angina instável. A confusão aumentou porque, segundo a Polícia Federal, ele teria tido uma queda de pressão arterial. A PF teve de emitir uma nota oficial desmentindo a história do envenenamento, e a revista *Época* conseguiu publicar uma foto do doleiro na cama do hospital, aparentando bom estado.

A eleição transcorreu sem problemas. Mais uma vez o sistema das urnas eletrônicas funcionou bem. A divulgação dos resultados só pôde ocorrer após as 20 horas em razão do fuso horário do Acre (duas horas a menos que Brasília e mais uma hora por conta do horário de verão, não adotado naquele estado). Meia hora após o horário marcado, o país já sabia do resultado. Dilma Rousseff recebeu 54,49 milhões de votos, correspondentes a 51,64% dos votos válidos, e Aécio teve o apoio de 51,04 milhões de eleitores, alcançando 48,36% dos votos. Das eleições em dois turnos, foi a mais disputada. Em 1989, Fernando Collor venceu Lula por

53 a 47%. Em 2002, Lula ganhou de José Serra por 61 a 39%, placar que se repetiu em 2006, quando se reelegeu derrotando Geraldo Alckmin. Em 2010 Dilma ganhou de Serra por 56 a 44%.

Nos casos das vitórias petistas, a porcentagem do total dos votos válidos se manteve entre 2002 e 2006, mas caiu em 2010 e voltou a cair em 2014: 61, 61, 56 e 51,6%, respectivamente. Em 2002, os tucanos venceram apenas em um estado (Alagoas). Em 2006, ganharam em sete estados (em toda a região Sul, São Paulo, Espírito Santo, Mato Grosso do Sul, Mato Grosso e Roraima). Em 2010, venceram em onze estados (em toda a região Sul, São Paulo, Espírito Santo, em todo o Centro-Oeste, Rondônia, Acre e Roraima).

O PT nasceu em São Paulo – e teve na seção paulista a mais importante do partido. Mas, assim como em 5 de outubro, obteve um péssimo resultado também no segundo turno. Aécio teve uma votação consagradora: 15,29 milhões contra 8,48 milhões de Dilma, alcançando 64,3% do total dos votos válidos. Das 39 cidades da Região Metropolitana de São Paulo, o tucano venceu em 33. Inclusive em São Bernardo do Campo, Santo André, São Caetano do Sul, Osasco e Guarulhos. Só na capital a vantagem foi de 1,79 milhão de votos. A vitória do mineiro Aécio em São Paulo serviu para, mais uma vez, enterrar o discurso de que o regionalismo paulista sufoca o Brasil.

A derrota de Aécio em Minas Gerais foi motivo de estranheza. Esperava-se que, ao menos no segundo turno, o tucano conseguisse vencer no estado que governou por oito anos e que, ao sair, em 2010, conseguiu eleger o sucessor. Curiosamente, em 1994 e 1998, FHC venceu Lula facilmente no estado: recebeu 64,8% e 55,7% dos votos, respectivamente, sempre vencendo a eleição no primeiro turno. Já em 2002, quando Aécio derrotou Nilmário Miranda (PT) na disputa pelo governo estadual, quem venceu a eleição presidencial em Minas foi Lula, com 66,4% dos votos. Quatro anos depois, o tucano foi reeleito com enorme votação: 77%. Contudo, Lula voltou a ganhar no estado com 65,2% dos votos. Em 2010, Dilma recebeu 58,5% e Antonio Anastasia, candidato tucano, foi eleito no primeiro turno com 62,7%. Em 2014 o quadro foi mais complexo, pois Fernando Pimentel (PT) foi eleito no primeiro turno e a petista venceu Aécio nos dois turnos: no primeiro, com uma diferença de 412 mil votos; no segundo, ampliou a diferença: 548 mil.

Em 2014, a petista venceu em quinze estados e Aécio em onze (os mesmos da eleição de 2010) e no Distrito Federal. Dilma venceu em duas regiões: Norte (57 a 43%) e Nordeste (72 a 28%). Aécio ganhou no Centro-Oeste (57 a 43%), no Sul (59 a 41%) e no Sudeste (56 a 44%). As abstenções cresceram em relação ao primeiro turno, mas não de forma tão acentuada: de 19,39 para 21,10%. Os votos em branco caíram de 3,84 para apenas 1,71% e os votos nulos também diminuíram de 5,8 para 4,63%. Isto explica porque o número de votos válidos cresceu de 104,02 milhões para 105,54 milhões. Assim, é possível especular que a queda dos votos brancos e nulos pode estar vinculado a facilidade dada ao eleitor de escolher entre somente dois candidatos. Em outras palavras: em vez de uma manifestação de protesto, os votos brancos e nulos podem estar vinculados à uma dificuldade do eleitor com menor nível de escolaridade e familiaridade com a urna eletrônica.

Em relação aos municípios, Dilma venceu em 3.525 e Aécio em 2.040. Dos doze maiores (com mais de 900 mil eleitores), Aécio venceu em sete e Dilma em cinco. Entre aqueles com 200 mil a 900 mil eleitores, o tucano venceu em 46 e a petista em 31. Nas cidades médias – entre 75 mil eleitores a 200 mil –, o tucano foi o escolhido em 100 e Dilma em 79. A petista foi bem nos municípios de 15 mil a 75 mil eleitores (882 a 536) e mais ainda nas pequenas cidades com até 15 mil eleitores (2.528 a 1.351).

A cada eleição, o PT foi deslocando suas votações para os grotões. E se transformando numa espécie de Arena do século XXI. E a cada eleição vencida o partido foi se deslocando geograficamente para a região setentrional e ideologicamente para uma prática política patrimonialista, dando novamente sentido histórico ao velho reacionarismo brasileiro, tudo ornado com um discurso com pitadas de um esquerdismo mofado, cheirando a naftalina.

Com a realização, em 26 de outubro, de catorze eleições para os governos estaduais e o Distrito Federal, a distribuição no conjunto do país em relação às administrações das unidades federativas, o PMDB ficou com sete estados, tendo no Rio de Janeiro e no Rio Grande do Sul seus resultados mais expressivos; o PSDB ganhou em cinco estados, destacando-se as vitórias de São Paulo, Paraná e Goiás; o PT venceu em cinco estados e o grande resultado foi a vitória em Minas Gerais; o PSB em três, com destaque para a vitória no Distrito Federal, rompendo com um longo domínio de políticos vinculados a Joaquim Roriz e José Roberto Arruda. Os outros sete estados ficaram divididos entre cinco partidos.

Em Brasília, desta vez não no Palácio da Alvorada mas no comitê de campanha do PT, Dilma comemorou a vitória em grande estilo. Abandonou o traje vermelho e apareceu toda de branco. Leu o discurso no *teleprompter*. Aproveitou até para falar em diálogo: "Essa presidenta está disposta ao diálogo e este é o meu primeiro compromisso do segundo mandato: diálogo". E continuou: "Meu compromisso, como ficou claro durante toda a campanha, é deflagrar essa reforma, que é responsabilidade constitucional do Congresso e que deve mobilizar a sociedade num plebiscito por meio de uma consulta popular". Sem ruborizar, afirmou não acreditar, "do fundo do meu coração", que as eleições teriam dividido o país ao meio: "Entendo, sim, que elas mobilizaram ideias e emoções contraditórias. Mas movidas por um interesse comum, a busca por um futuro melhor". Disse até que teria: "um compromisso rigoroso com o combate à corrupção, fortalecendo as instituições de controle e propondo mudanças na legislação atual para acabar com a impunidade, que é a protetora da corrupção". De resto, dissertou sobre o óbvio.

A disposição não pareceu sincera. Tanto que, no mesmo dia, Gilberto Carvalho, secretário-geral da Presidência da República, atacou a imprensa: "É um milagre da maturidade do povo brasileiro, que sabe distinguir aqueles que transmitem a informação e aqueles que plantam e semeiam o ódio, que felizmente não prosperou". Disse que setores da imprensa "plantaram o ódio" e que houve uma tentativa de "golpe midiático". Miguel Rossetto, ministro do Desenvolvimento Agrário, foi mais direto nas ameaças à liberdade de imprensa com o velho projeto do controle social da mídia, forma amena da censura petista: "Na minha opinião, há uma agenda que sai da disputa eleitoral clara, que é uma ampla discussão dos meios de comunicação de massa".

Em Belo Horizonte, Aécio, ao lado de várias lideranças tucanas, discursou, reconheceu a derrota e comunicou que tinha telefonado e parabenizado Dilma pela vitória. Disse também que "uma marca que o Brasil vai se lembrar é a de que acordou e foi para as ruas dizer que não aceita mais que um partido se julgue dono do nosso destino". E concluiu o breve pronunciamento de dois minutos: "Mais uma vez São Paulo é que trata de forma mais clara o sentimento que tenho hoje na minha alma e no meu coração: combati o bom combate, cumpri minha missão e guardei a fé".

Marina Silva votou no Acre e prometeu se manter presente na arena política:

> Eu sou uma pessoa que, assim que termina uma eleição, volto para as minhas causas. Não fico na cadeira cativa de candidata. A política para mim é um ideal. Faço política lutando para que o Brasil seja melhor, para que o mundo seja melhor. Agora eu volto para a minha militância socioambiental de cabeça erguida. O Brasil me deu 22 milhões de votos, saímos maiores do que em 2010.

A campanha eleitoral desafiou os analistas. As interpretações tradicionais foram desmoralizadas. A determinação econômica – tal qual no marxismo – acabou não se sustentando. É recorrente a referência à campanha americana de Bill Clinton em 1992 e a expressão "é a economia, estúpido". Com a economia crescendo próximo a zero, como explicar que Dilma liderou a votação no primeiro turno? Se as alianças regionais são indispensáveis, como explicar a votação de Marina? E o tal efeito bumerangue, quando um candidato ataca o outro e acaba caindo nas intenções de voto? Como explicar que Dilma caluniou Marina durante três semanas, destruiu a adversária e obteve um crescimento nas pesquisas? E repetiu a estratégia no segundo turno com o mesmo sucesso.

Marina Silva aprendeu na prática o que é o PT. Em uma quinzena, foi alvo de um volume nunca visto de mentiras numa campanha presidencial, o que acabou triturando a sua candidatura. Tivemos o mais violento segundo turno de uma eleição presidencial. O que Marina sofreu, Aécio sofreu em dobro. Tudo porque colocaram em risco o projeto criminoso de poder do petismo – brilhante definição apresentada pelo ministro Celso de Mello, do Supremo Tribunal Federal, no julgamento do mensalão.

E mais uma vez, caso único na nossa história, tivemos como protagonista de uma eleição presidencial – pela sétima vez consecutiva – Luiz Inácio Lula da Silva. Ele representa o que há de mais atrasado na política brasileira. Tem uma personalidade que oscila entre Mussum e Stálin. Atacou as elites – sem defini-las – e apoiou José Sarney, Jader Barbalho e Renan Calheiros. Falou em poder popular e transferiu bilhões de reais dos bancos públicos para empresários aventureiros. Fez de tudo para que esta eleição fosse a mais suja da nossa história. E conseguiu.

Sob o seu domínio – mais que liderança – o PT desmoralizou as instituições. A compra de maioria na Câmara dos Deputados, que deu origem ao processo do mensalão, foi apenas o primeiro passo. Tivemos a transformação do STF em um puxadinho do Palácio do Planalto. O Executivo virou um grande balcão de negócios e passou a ter controle dos outros dois poderes. Tudo isso foi realizado às claras, sem nenhum pudor. E teve influência direta no resultado da eleição de 2014.

O PT não sobrevive longe das benesses do Estado. Tem de sustentar milhares de militantes profissionais. O socialismo marxista foi substituído pelo oportunismo, pela despolitização, pelo rebaixamento da política às práticas tradicionais do coronelismo. A socialização dos meios de produção, macunaimicamente, se transformou no maior saque do Estado brasileiro em proveito do partido e de seus asseclas de maior ou menor grau.

Não há área do governo que tenha permanecido ilesa frente à sanha petista. Todos os setores da administração pública foram tomados e aparelhados pelo partido. Os bancos, as empresas estatais e até as agências reguladoras se transformaram em correias de transmissão dos seus interesses partidários. Imaginava-se que após a condenação dos mensaleiros o ímpeto petista de usar a coisa pública ao seu bel-prazer pudesse, ao menos, diminuir. Ledo engano. Os episódios envolvendo a Petrobras demonstram justamente o contrário. Foram ações de uma estrutura tentacular que tem enorme dificuldade de conviver com a lei, a democracia, a alternância no governo e com o equilíbrio entre os poderes constitucionais.

A petrificação da pobreza se transformou em êxito. Coisas do lulismo. As 15 milhões de famílias que recebem o benefício do Bolsa Família são, hoje, um importante patrimônio político. Se cada família tiver, em média, três eleitores, estamos falando de um terço do eleitorado. A permanência *ad aeternum* no programa virou meio de vida. E de ganhar eleição – e foi decisivo em 2014. Que candidato a presidente teria coragem de anunciar o desejo de reformar o programa estabelecendo metas de permanência no Bolsa Família?

Uma boa notícia da eleição foi a presença da oposição como oposição. Diferentemente das frágeis campanhas de 2006 e 2010, desta vez o PSDB se apresentou como alternativa real de poder. E recebeu o apoio de 50 milhões de eleitores. A polarização com o projeto criminoso de poder foi o desejo expresso do eleitor. O desafio é se desta vez a oposição irá desempenhar seu papel durante quatro anos e não somente às vésperas da eleição, quando não há tempo suficiente para o enfrentamento das narrativas construídas pelo petismo do passado e do presente. E se formará novos quadros políticos renovando a representação – tarefa que também deverá ser enfrentada por todas as correntes políticas.

Esta campanha tão surpreendente – basta recordar que os três principais candidatos chegaram a liderar as pesquisa de intenções de voto em algum momento – acabou dando um novo alento à participação popular. Os debates televisivos foram acompanhados por milhões de brasileiros. Discutiu-se nas ruas qual seria o melhor candidato. Falou-se de política como há muito tempo não se falava. E a interpretação de que as manifestações de junho de 2013 tinham demonstrado um desinteresse popular pela "velha política" foi desmentida na prática com o entusiasmo demonstrado pelos eleitores na fase final da campanha do segundo turno.

Bibliografia

Livros

1. Assis, Machado de. *Obra Completa*. Volume IIII. Rio de Janeiro. Nova Aguillar. 1994.
2. César, Marília de Camargo. *Marina: a vida por uma causa*. São Paulo. Mundo Cristão. 2010
3. OCTÁVIO, Rodrigo. *Minhas memórias dos outros*. Rio de Janeiro. Civilização Brasileira/INL. 1978.
4. Nicolau, Jairo. *Eleições no Brasil: do Império aos dias atuais*. Rio de Janeiro. Zahar. 2012.
5. Porto, Walter Costa. *Dicionário do voto*. São Paulo/Brasília. Imprensa Oficial/EdunB. 2000.
6. _____ . *O voto no Brasil*. Rio de Janeiro. Topbooks. 2002.
7. Villa, Marco Antonio. *Mensalão. O julgamento do maior caso de corrupção da história política brasileira*. São Paulo. LeYa. 2012.

Sites:

1. www.epoca.com.br

2. www.estadao.com.br
3. www.g1.com.br
4. www.oglobo.com.br
5. www.tse.gov.br
6. www.uol.com.br
7. www.veja.com.br

Blogs:

1. Augusto Nunes
2. Fernando Rodrigues
3. Josias de Souza
4. Reinaldo Azevedo
5. Ricardo Noblat
6. Ricardo Setti

QUER SABER MAIS SOBRE A LEYA?

Fique por dentro de nossos títulos, autores e lançamentos.

Curta a página da LeYa no Facebook, faça seu cadastro na aba *mailing* e tenha acesso a conteúdo exclusivo de nossos livros, capítulos antecipados, promoções e sorteios.

A LeYa também está presente no Twitter, Google+ e Skoob.

www.leya.com.br

facebook.com/leyabrasil

@leyabrasil

google.com/+LeYaBrasilSãoPaulo

skoob.com.br/leya

1ª edição Novembro 2014
papel de miolo Pólen Bold 70 g/m²
papel de capa Supremo 250 g/m²
tipografia Dante MT Std